外商投资深圳文化产业的法律环境问题研究

夏林华　著

中国财富出版社有限公司

图书在版编目（CIP）数据

外商投资深圳文化产业的法律环境问题研究 / 夏林华著 . —北京：中国财富出版社有限公司，2021.5

ISBN 978-7-5047-7434-7

Ⅰ . ①外…　Ⅱ . ①夏…　Ⅲ . ①文化产业—外国投资法—研究—深圳　Ⅳ . ① D922.295.4 ② D927.653.216.4

中国版本图书馆 CIP 数据核字（2021）第 091166 号

策划编辑　李　伟　　**责任编辑**　邢有涛　贾紫轩　　**版权编辑**　李　洋
责任印制　梁　凡　　**责任校对**　杨小静　　**责任发行**　黄旭亮

出版发行　中国财富出版社有限公司
社　　址　北京市丰台区南四环西路 188 号 5 区 20 楼　**邮政编码**　100070
电　　话　010-52227588 转 2098（发行部）　010-52227588 转 321（总编室）
　　　　　010-52227566（24 小时读者服务）　010-52227588 转 305（质检部）
网　　址　http://www.cfpress.com.cn　**排　　版**　宝蕾元
经　　销　新华书店　**印　　刷**　北京九州迅驰传媒文化有限公司
书　　号　ISBN 978-7-5047-7434-7/D · 0180
开　　本　710mm×1000mm　1/16　**版　　次**　2023 年 1 月第 1 版
印　　张　10.5　**印　　次**　2023 年 1 月第 1 次印刷
字　　数　160 千字　**定　　价**　54.00 元

前言

2020年10月14日，习近平总书记出席深圳经济特区建立40周年庆祝大会并发表重要讲话。习近平总书记紧扣时代脉搏，强调经济特区要坚持“两手抓、两手都要硬”，在物质文明建设和精神文明建设上都要交出优异答卷；继续发扬敢闯敢试、敢为人先、埋头苦干的特区精神；加强公共文化设施建设，推动文化产业高质量发展，更好满足人民精神文化生活的新期待。

近年来，我国文化产业取得丰硕的发展成果。根据国家统计局发布的数据显示，2019年1—4月，全国固定资产投资（不含农户）155 747亿元，同比增长6.1%；第三产业固定资产投资增长7.9%，文化、体育和娱乐业固定资产投资增长22.7%，表现抢眼。中国文化新业态发展迅速、文化产业结构进一步优化，国家统计局2019年一季度全国规模以上文化及相关产业企业营业收入数据显示，在文化及相关产业9个行业中，增速超过10%的行业有5个，分别是新闻信息服务、文化投资运营、创意设计服务、文化传播渠道和内容创作生产。在这些行业中，互联网信息服务、文化产业园区管理、互联网广告服务、电子出版物、互联网文化娱乐平台等基于互联网平台和现代信息技术的文化新业态营业收入增长速度均在20%～40%。以上数据表明文化新业态已成为引领和推动文化产业发展的重要力量。文化新业态更是资本追逐的重点，为深圳吸引更多外资进入文化产业创造了条件。

党的十九大报告指出，“要深化文化体制改革，完善文化管理体制，加快构建把社会效益放在首位、社会效益和经济效益相统一的体制机制”，“健全现代文化产业体系和市场体系，创新生产经营机制，完善文化经济政策，培育新型文化业态”，“推进国际传播能力建设，讲好中国故事，展现真实、立体、全面的中国，提高国家文化软实力”。推动形成全面开放的新格局、激发我国文化产业活力、增强文化自信的现实需要要求重新衡量文化产业市场的开放程度。

随着近年双边投资条约及协定的数量不断增加，深圳开始放宽文化产业领域的外资准入政策。国家立法层面也呈现出逐渐放松管制的趋势，主要原因在于，国家对文化产业的范围和属性认识逐渐清晰，通过与其他配套制度相结合，在文化属性强的行业放松对外商直接投资的限制。这说明，我国对文化产业领域内国外直接投资的限制并不是绝对的，深圳应通过充分发展本市文化产业实现弘扬我国先进文化的目的。

外来文化投资并非全是洪水猛兽，只要建立健全有效的法律制度，规范外商投资行为，就可以大量引进外资，充分为我所用。对于立法者和政策制定者来说，不应当将文化产业视为一块铁板，将有利的外商投资拒之门外，而应通过精心的制度设计，充分地引进和利用外商直接投资，达到发展深圳文化产业的目的。

本书内容全面而系统，以深圳外商投资文化产业的法律环境问题为研究对象，探讨了深圳文化产业发展与法律保障的理论和实践活动，在文化产业发展与法律制度构建理论研究的基础上，分析外商投资现状，阐述法律限制，解读法律法规，创新法治管理模式，对完善深圳文化产业外商投资法治建设提出可行性对策和建议，以期为深圳文化产业外商投资者提供决策依据和理论参考。

笔者在此书的研究及撰写过程中，得到了多位师长、领导和朋友的诸多帮助和支持，在此一并表示感谢！

目录

1

深圳文化产业发展情况及重要性论述

3

深圳外商投资文化产业的商业模式

4

深圳外商投资文化产业的法律制度

深圳外商投资文化产业常用法律解读

深圳外商投资文化产业的法律限制

深圳外商投资文化产业的法律保障

1

深圳文化产业发展情况及重要性论述

>>>

文化是一个国家和民族灵魂的外在体现，在城市发展中起着十分重要的作用。习近平总书记在党的十九大报告中对文化有过这样的阐述，“文化自信是一个国家、一个民族发展中更基本、更深沉、更持久的力量”，“推进国际传播能力建设，讲好中国故事，展现真实、立体、全面的中国，提高国家文化软实力”。

一个城市的发展需要以文化来定义，将城市文化繁荣作为发展的最高目标，有鉴于此，长期以来，深圳高度重视文化产业建设与创新，全面提升文化产业发展质量是深圳城市发展的内在追求和必然要求。深圳“十大观念”“十大文化愿景”和“实现市民文化权利”的理念演变，为深圳城市发展注入强大的精神力量。

一方面凭借高新技术、高科技方面的独特优势，以文化为内容、以科技为载体，以技术为依托，以质量为核心，一方面凭借融合新媒体、互联网、高科技等多元手段的新模式和新业态，深圳的文化产业发展水平已经处于国内领先地位。深圳实现了从以前传统单一文化产品到现代多元化、高科技文化产业的转型、升级。

第一节　深圳文化产业发展述评

一、深圳文化产业现状及特征

（一）深圳文化产业现状

深圳是站在改革开放前沿、发展文化产业比较早的城市。随着近几年的发展，深圳的文化产业综合实力处于持续增强状态。深圳在文化产业发展上，敢于改革、大胆创新、主动行动，开创了各类“文化+”产业新模式，如文化和旅游融合成为“文化+旅游”、文化和科技融合成为“文化+科技”、文化和金融融合成为“文化+金融”、文化和创意融合成为“文化+创意”等新业态和新模式。文化的发展和繁荣为深圳带来了巨大的经济效益，以2018年为例，深圳文化产业增加值为2621.77亿元，比重占深圳GDP的10%以上。可以说，文化产业在深圳的整个发展进程中占据越来越重要的地位，已经逐渐成为深圳国民经济发展的重要产业。

1. 文化产业园数量惊人

经过多年的发展，深圳逐渐发展成为国内首个设计之都。文化和创意的融合发展逐渐成为深圳文化产业发展的新模式，在这样的整体环境下，一大批以设计为主的企业和文化产业园区应运而生。相关统计显示，截至2019年，深圳经过认定的市级以上文化产业园区已达到61家。其中，4家省级文化产业园区，1家省级文化和旅游融合示范区，1家国家级文化产业示范园区，4家园区入选文化产业示范园区创建名录。深圳文化产业园区已入驻企业超过8000家，这些企业带动20多万人就业，为深圳贡献税收超过150亿元。可以说，文化产业园区是深圳文化领域实现文化创新和人员就业的重要载体。深圳高度重视文化产业的发展，出台了一系列优惠和激励政策，吸引了各种形式的文化产业汇集于此，如版权交易中心、文博会、数字出版基地、文交所等。这些文化产业的落户，进一步促进了深圳文化产业的发展和繁荣，形成了良性循环的发展态势。

2. 文化产业增加值惊人

近几年来，深圳文化产业综合实力不断增强，呈现出快速发展的势头，连续位居全国文化产业的第一方阵。深圳以文化融合科技、文化融合旅游、文化融合贸易、文化融合金融等各种形式，推动新兴产业迅猛发展，文化产业整体呈现出日新月异的发展状态。过去几年，深圳文化产业一直保持着持续、快速的发展态势，2014年到2018年，文化产业的增加值保持逐年上升的趋势，

2018年文化产业的增加值达到2621.77亿元。2019年5月，第十五届文博会在深圳举办，这届文博会吸引了近6000个文化投资项目，汇集了10万多件海内外独具特色的文化产品，极大地推动了深圳文化创意产业的快速发展和壮大。深圳有超过5万家文化创意企业，从事文化产业的人员超过90万人，其中规模以上企业有3000多家，腾讯、中青宝、天威视讯、A8音乐等40多家文化企业已经实现上市，为深圳的经济发展带来巨大活力。

（二）深圳文化产业特征

改革创新是深圳的核心和根基。文化产业创新的这支笔，书写着深圳文化的传奇。强烈的创新意识深深融入深圳这座城市的血脉中，在推动深圳文化产业大发展、大繁荣的基础上，使深圳形成了具有自身特色的“创新型文化”，即以创新作为文化产业的核心，在文化创意生产上形成优势，在现代新价值新观念的输出上保持领先，从而使文化产业的创新成为深圳文化的生命力和活力之所在。深圳非常重视文化产业的改革与发展，就像重视深圳经济体制改革一样，将其作为“一把手工程”，深圳的历届政府都致力于做好文化产业传承工作，就像传递接力棒一样，推动着深圳文化产业改革不断深入发展。

1.智慧

文化，浸润深圳人的心灵；知识，赋予深圳人智慧。在当今这样的知识经济时代，一个城市拥有怎样的知识水平和科技实力，不但能够决定这座城市所能具备的文化底蕴和文化高度，还将成为这座城市文明发展程度的一个决定性因素。深圳在城市建设中大力弘扬文化建设，从而使深圳的人文气息更加浓厚；深圳还致力于打造智慧型城市，使深圳的学术文化更加昌盛，公共智库更加活跃，智慧产出能力不断提升。深圳力求打造一流文化品牌，实现市民的文化权利，满足市民对文化、对知识、对智慧的渴盼，努力让公共文化服务体系建设领跑全国。

2.包容

深圳这座城市有着鲜明的“移民性”特征，这给文化的流动和发展带来极大活力，为实现文化创造提供了可能性。深圳是一座承载梦想的“移民”城市，来自各地的人们汇集于此，寻找自己的梦想。深圳的人口年龄结构属年轻型，这为深圳市的发展带来了无限活力。来自不同地区的人们思想碰撞、求新求变，为创新提供土壤，差异性文化之间的交流为文化产业的发展提供空间。鲜活、多元的文化极大地促进了优秀创意、优秀产业的产生和发展。

3. 力量

深圳秉承自强不息的发展理念，用爱与文明增强城市凝聚力，以“文化+科技”提升城市竞争力。在深圳的发展过程中，精神力量至关重要。文明，融汇你我力量，使城市更具凝聚力。深圳致力于培育社会文明新风气，以社会主义核心价值体系为根本，引领多元文化方向，将“以人为本、自强不息、宽容和谐、开放包容、知礼守法、追求文明”的城市人文精神推广开来，深入人心。深圳，在创建文明城市的道路上孜孜以求，创新、智慧、包容的城市文化，正成为深圳文化产业发展的基本定位。

二、深圳文化产业蓬勃发展

（一）政策推动文化产业蓬勃发展

深圳有重视文化产业发展的传统。早在2003年，深圳就制定并出台了一系列扶持文化产业的政策，明确了文化产业发展的长远目标。2004年，在全国大力发展文化产业的大背景下，首届文博会创办并在深圳落户。2008年深圳市人大常委会颁布《深圳市文化产业促进条例》，以法规的形式明确促进文化产业的发展。2016年1月深圳市制定并出台《深圳文化创新发展2020（实施方案）》，将文化的创新发展作为文化产业发展的重中之重。在一系列政策的激励下，一批具有创新意识的文化企业在深圳扎根并迅速成长起来。深圳文化产业的发展成效显著，其中比较典型的是腾讯，已位居中国500强企业；华强方特、华侨城更是以持续发展的势头进入“全国文化企业30强”名单。2018年3月21日，深圳举办了文化创意产业创新发展座谈会，随后对外发布《关于加快文化创意产业创新发展的意见》（以下简称《意见》），为文化产业的创新发展注入了强心针。《意见》为深圳文化产业的发展指明了方向，《意见》指出，到2020年，深圳的数字文化、内容产业和创新设计等新型业态要在文化市场体系中的占比超过60%，文化产业年均增速更要保持在10%以上。深圳一方面持续提升文化产业的国际竞争力，另一方面不断提高文化产业的质量，不仅如此，文化产业和服务出口的规模也在不断扩大，深圳文化创意产业占据全市生产总值的比重超过10%，纳税增加值突破3000亿元，文化产业的国民经济支柱地位不断增强。

（二）深圳文化产业呈爆发式增长

《2019深圳市文化金融发展报告》显示，深圳的文化产业在最近10年来，年均复合增长率达15.34%，呈现爆发式增长，文化企业将近5万家，连续两年文化企业增加值保持在2000亿元以上；截至2019年11月21日，深圳现有上市公司总计427家，其中文化类的上市公司31家，占比约为7.3%。据统计，深圳文化上市公司市值最大的为腾讯控股，其市值高达28229.91亿元。①

（三）深圳文化建设的蓝图逐一实现

2019年以来，深圳迎来文化的繁荣和蓬勃发展，文化建设全面发力，文化蓝图正在逐一实现。深圳的书城——龙华书城是2019年年底投入使用的文化地标式建筑。这座建筑造型独特，体现了重要的文化创意。从造型设计上来看，龙华书城呈八面体形状，外观呈现出书页环绕的样式，在设计上别具匠心。龙华书城总建筑面积约4.6万平方米，为市民提供文化方面的智慧服务，成为深圳正在崛起的又一个文化高地。此外，深圳当前于南山、福田等区共有7座书城，还有部分书城正在建设当中。在不久的将来，深圳计划在全市建立100个书吧、10座书城，为市民提供更多的文化服务。

深圳的文化设施建设也进入发展的快车道，美术馆、科技馆、博物馆等文

① 徐平. 2019深圳市文化金融发展报告出炉［N］. 中国新闻出版广电报，2020-01-21.

化建设项目陆续开工，建成投入使用后将大大提升深圳的文化软实力，更全面、更系统地满足深圳市民对文化方面的需求。在建设先行示范区的相关政策中提到，深圳要逐渐建设成为满足市民精神文化需求的现代文明城市，用新的形象展现文化产业的繁荣和兴盛。总之，深圳在建设现代文化中心城市、彰显文化软实力的目标下，正在全面发力，建设现代文明城市。

三、努力建设文化先行示范区

（一）坚持目的导向，满足人民日益增长的文化生活需要

深圳大力发展文化事业和文化产业，为深圳人民提供了优质的精神食粮，满足了深圳人民对美好文化生活的需求。深圳作为建设文化先行示范区和建设文化强市的典范，始终坚持用优秀的文化产品鼓舞斗志，不断推动深圳文化事业和文化产业的繁荣发展。在文化快速发展的基础上，深圳继续深化文化体制改革，逐步建设成为国际文化创意先锋城市、全球区域文化中心城市。从文化创意产品的创作角度讲，创作者要聚焦改革开放以来经济特区的发展题材，坚持以人民群众为中心的创作导向，增强文化作品的内容原创力和形式上的表现力，使文化作品在文化内涵、精神高度、艺术价值等方面都得到实质性的提升。深圳还要继续推出更多优质的、健康的文化产品，推动深圳文化事业和文化产业持续高质量发展。

（二）坚持政府主导，用文化的形式提供更多的获得感、幸福感

近年来，深圳坚持以政府为主导、社会广泛参与的原则，齐心协力共同打造优秀传统文化体系，进一步推进“新十大文化设施”的建设规划，打造订单式、个性化和菜单式服务，积极构建高智慧的、先进的公共文化服务体系。深圳坚持走高质量发展道路，依靠区块链、人工智能、5G、物联网等前沿科技，进一步推进深圳文化产业结构的完善和优化升级。同时，深圳注重对相关文化作品版权的保护，打造文化产业知名、重点品牌，注重培养领军企业和构建先进经济体系，培育深圳文化消费模式和新型文化业态，用高质量的文化供给提升人民的获得感和幸福感。

考虑到文化领域具有的安全和意识形态属性的特征，不同于一般的经济体制改革，深圳在文化领域改革中，该改的、能改的坚决改，不该改的、不能改的坚决不改。因此，深圳始终坚持正确的文化导向，把提高社会效益放在首要位置，从而实现社会效益和经济效益相统一，用积极、健康向上的文化服务和文化产品引领社会风尚、启迪心智、陶冶情操。

四、坚定文化自信，让文化“走出去”

（一）文化自信的概念及其重要性

在中国共产党第十九次全国代表大会上，习近平总书记指出：“文化是一个国家、一个民族的灵魂。文化兴国运兴，文化强民族强。没有高度的文化自信，没有文化的繁荣兴盛，就没有中华民族的伟大复兴。”那么，什么是文化自信？文化自信是一个国家、民族立足于世界之林的根本和灵魂。深圳市政府始终坚定文化自信，让文化“走出去”。

（二）进一步坚定文化自信，不断增强文化的输出水平

1.不断提高文化输出水平，这是文化全球化的发展趋势

随着时代的变化和国家的进步，文化创意人员要始终秉承内容为主的原则，树立精品意识和先进观念，创造具有典型深圳特色的文化内容和表现形式，尤其要注重展现中国优秀传统文化元素，有意识地推动中国特色文化向外拓展，获得国际市场的认可。总的来说，只有始终坚持完善和提高制作水平，才能不断推动文化“走出去”。

2.加强文化输出能力

深圳文化要“走出去”，就要提升“外修”的质量。深圳致力于发展文化产品，向外出口具有中国独特文化内涵的产品，已经构建起以政府为引导，以企业为主体，以市场为基础，以版权输出为核心，以人才为支撑的对外文化贸易新格局，让世界牢牢记住“中国制造”“深圳制造”。深圳文化产品要走出去，就必须坚定文化自信，更好地传播中国价值观，把中国文化精神自始至终贯穿其中，让深圳文化产品和文化服务真正走出国门，走向世界。

第二节　深圳文化产业设施与公共服务

一、补齐文化建设短板，不断提升文化影响力

（一）深圳文体项目建设历程

自深圳经济特区成立以来，经历了两次文体设施建设热潮。第一次文体设施建设热潮发生在20世纪80年代。那时深圳投资建设了体育中心、大剧院、博物馆、图书馆等文化设施，这些设施不仅对深圳市民产生了重要的影响，而且逐渐发展成为深圳的文化地标。第二次文体设施建设热潮发生在2000年左右，深圳是全国第一个提出建设现代文化名城目标的城市、制定文化城市发展战略的城市，并根据战略目标逐步建成体育中心、音乐厅、图书馆、深圳湾“春茧”等一系列新的地标，推动了书城、美术馆、报业大厦等文化基础设施的建设，为广大深圳市民提供高标准、全方位的公共文化设施。

（二）深圳文体建设的不足和短板

尽管深圳在文化设施方面投入巨大，文化产业发展迅速，但是不可否认，深圳在文体建设方面也存在明显的不足和短板，从整体上看仍然存有巨大的提升空间。2018年12月，为满足市民对文体消费的需求，深圳从城市布局出发，提出了重大文体建设规划，计划从十个方面着力主攻文体设施建设。在此政策的推动下，深圳的自然博物馆、国家博物馆深圳馆、歌剧院等如期动工，这意味着深圳第三次文体设施建设高潮已经来临，文体建设的新序幕已经徐徐拉开。

二、“新十大文化设施”的建设与推进

（一）建设“新十大文化设施”的持续推进

2018年，深圳市政府积极推进文化建设，发布《深圳市加快推进重大文

体设施建设规划》，提出了深圳将重点建设“新十大文化设施”和提升改造“十大特色文化街区”的规划。2019年至2020年，深圳市开工建设了科技馆、博物馆、歌剧院、创意设计馆、美术馆、展览馆等，并积极推进文化设施建设，争取在2024年前后基本完成基础设施的建设任务。在不久的将来，深圳“新十大文化设施”将陆续建成，并成为深圳持续发展的动力和文化发展的引擎，也将成为深圳文化长廊中一道亮丽的风景线。

（二）对“十大特色文化街区”的提升和改造

在建设“新十大文化设施”的同时，深圳大力推进蛇口海上世界、大浪时尚小镇、大万世居、华侨城创意文化街区、甘坑客家小镇、大芬油画村、华强北科技时尚文化特色街区、观澜版画基地、南头古城、大鹏所城等代表深圳文化形象的“十大特色文化街区”建设，改造提升也在陆续进行中。

三、深圳公共文化服务走在全国前列

深圳文化设施建设营造了良好的文化氛围，衍生出各种各样免费的文化活动。对于市民来说，自助图书馆24小时开放，在社区附近，实现了即时阅读；步行就可以实现在文化场馆和体育设施之间往来；只要轻轻触摸屏幕，就可以实现博物馆展厅之间穿梭，自由观看传统文化盛宴。此外，各种不同的文化服务设施正在有序建设中，由于着眼城市未来发展需求，深圳的公共文化服务在全国处于领先地位。

（一）努力打造“十分钟文化服务圈”

深圳为了将文化渗透进城市的血液，积极打造“十分钟文化服务圈”，努力将公共文化服务输送至每个市民眼前。根据相关统计，2019年深圳举办各种文化公益类活动达16万场（次），有超过千万人次的群众参与。在此基础上，深圳市县区各级文化场所免费内容不断开放，免费范围也在不断扩大。如深圳大力推进市民素养提升工程，“美丽星期天”“音乐下午茶”等活动陆续开展，让深圳市民随时随地都能享受到高雅艺术。

2017年5月，深圳主动对标国际一流城市，积极推出第一份文化菜单，这是国内城市首创，让市民尽情享受“月月有主题，全年都精彩”的丰富文化生活。其中部分活动已经达到同类艺术领域的较高水平，如国内最权威、层次最高的国家级创意设计展览——中国设计大展及公共艺术专题展，将不断引领中国创意设计的新方向和新趋势。

深圳公共文化服务取得的骄人成绩，离不开深圳各相关部门的努力耕耘，更离不开深圳市委市政府的积极推进和前瞻性决策。2016年，深圳市文化宣传系统发布了《深圳文化创新发展2020（实施方案）》（以下简称“2020方案”），其中明确了153项重点任务。截至2020年6月，已基本完成145项，完成率达94.7%。

（二）深圳公共图书服务充足

深圳阅读氛围浓厚，曾被联合国教科文组织授予“全球全民阅读典范城市”。在公共图书服务领域，深圳曾经创造过多个第一，例如：深圳是第一个研发出城市街区24小时自助图书馆的城市；中国首个为全民阅读立法、为公共图书馆立法的城市。2020年，深圳共拥有各种类型的公共图书馆959个，达到了每1.5万人就拥有一个图书馆的目标，图书馆已经成为深圳市民诗意栖居的精神文化家园。

深圳还大力推进公益性文化设施建设，支持实施“一区一书城、一街道一书吧”的建设规划。2020年，深圳已经建成6座超过3万平方米的大型书城和700多家各类实体书店，每年依托书城和书吧开展各种层次、各种类型的公益文化活动超过1万场次。未来，深圳规划在全市建成100个书吧，10座书城，让图书馆逐渐成为深圳市民的“文化客厅”，为市民提供即时、丰富的文化享受。

图书是知识永恒的载体，时代在发展，载体也要不断创新。深圳一直在努力推进数字阅读，多年以来连续被评为“中国十大数字阅读城市”。

2020年7月，深圳审议通过了《深圳加快建设区域文化中心城市和彰显国家文化软实力的现代文明之城实施方案》，这是“2020方案”的升级版，一方面强调了文化建设上的创新和突破，另一方面保持了政策方面的持续性，努力描绘出深圳文化领域的发展蓝图。近年来，深圳正积极创新，争取到2025年，成为辐射粤港澳大湾区、服务全国、面向世界的区域文化中心城市。总之，深圳的文化产业发展质量和公共文化服务水平，处于全国领先地位。

四、深圳具备完善的公共文化服务体系

2019年，国务院对深圳在建设中国特色社会主义先行示范区方面所做的努力给予了肯定，并发布《关于支持深圳建设中国特色社会主义先行示范区的意见》。深圳积极、率先塑造高质量、可持续、普惠性的城市公共文化服务体系，让深圳市民充分感受到了公共文化建设的成果。

（一）各类特色活动场馆丰富

深圳拥有特色的文化设施，可以举办多种多样的文化展演活动和提供丰富的文化服务，其主要根源在于以“文化立市”的战略引领文化创新。深圳被联合国教科文组织授予“全球全民阅读典范城市”“设计之都”称号，此外，深圳还有“创客之城”“钢琴之城”之称，可以看出，深圳的特色文化活动场馆已经得到普遍认可。可以说，深圳的文化场馆遍布整个市区，为深圳市民带来全方位、多层次的优质便捷服务，满足了深圳市民对文化服务的多元化需求。

（二）文化活动异彩纷呈

以2019年为例，深圳向市民提供了295台自助图书馆服务机，市民闲暇之余可以随时随地阅读图书。此外，深圳市区涌现出各种特色书吧，如尚书吧、24小时书吧、西西弗书店等，深圳市民徜徉在图书世界中的同时，还可以享受到公共文化服务的便捷与舒适。2020年，深圳举办了许多各具特色的品牌文化活动，呈现出文化领域异彩纷呈的状态。如鹏程金秋文化艺术节、深圳读书月、来深青工文体节、中国（深圳）文博会艺术节、创意十二月、美丽星期天、深圳合唱节、周末剧场、钢琴音乐节等，为不同需求、不同年龄和不同个性特征的深圳市民提供了精彩纷呈的文化服务。

第三节 深圳文化产业体制与机制创新

一、坚持创新是深圳文化体制改革的动力

深化文化体制改革，深圳一直走在全国前列。深圳是全国第一批文化体制改革试点城市，文化体制改革中，深圳不折不扣地完成了文化体制改革的目标和任务，连续多年被评为“全国文化体制改革工作先进地区”，一直走在全国文化体制改革的前列。

（一）创新是深圳的城市精神

改革和创新是深圳的城市之魂和城市之根。深圳的改革创新最初来源于经济体制上的创新，然后慢慢延伸到其他领域，如文化领域。文化体制改革其实是与经济体制改革相伴而生的，深圳特有的改革意识和创新意识为文化体制改革树立了正确的价值观和先进的榜样。

（二）深圳高度重视文化体制改革

深圳高度重视文化体制改革，采取强有力的举措推动文化体制改革，政府在政策上的支持为深圳文化体制改革注入了强心针。深圳是全国第一个提出“实现市民文化权利”的城市，在这种科学发展理念的支持下，深圳的公共文化服务必然会不断提升，不断满足市民对文化的多层次、多方位需求。深圳注重从政策上推动文化体制改革与创新，取得了巨大的成就。

（三）拥有良好的市场机制和环境

深圳是第一批改革开放的城市，拥有良好的市场机制和市场环境，这也是深圳在文化体制改革方面走在前列的基础和前提。深圳拥有坚实的市场技术，可以充分利用市场配置资源的方式来发展文化，并努力在文化生产运行机制方面进行探索和改革，进而引导文化产业快速、健康、有序发展。深圳作为一座“移民”城市，拥有创新、积极、活跃等特点，使人们具备了城市文化形成过程中需要改革的冲动和本能，这也是深圳文化体制改革的动力和源泉。

目前，深圳在文化法治、文化产业、文化管理等方面积极构建和完善市场体系，加大文化投资和融资，积极促进文化交流与合作。深圳拥有地方立法权，在文化法治建设方面起着积极的引领和示范作用，在政策制定上可以先行一步。

二、深圳文化体制改革走在全国前列

（一）通过改革解放文化生产力

深圳通过进一步改革，极大地增强了文化影响力和生产力，通过改革和创新的方式极大地满足了深圳市民对精神文化的需求，让深圳市民获得更加全面、多层次、全方位的文化产品和服务，并从中获得幸福感和满足感。深圳文化体制改革一直在路上，大胆创新、小心求证，通过各种方式增强全市文化产业的实力，从而促使深圳处于全国一流城市的阵营。

（二）加大文化体制改革创新力度

深圳致力于加大文化体制改革创新力度，不断激发文化创新动力，为文化产业发展增加活力。加大文化体制改革创新力度，一要有政策定力，通过改革的方式不断谋求文化发展路径，通过创新的方式寻求文化产业出路；二要坚持需求和问题导向，增强文化忧患意识，树立发展理念，哪里不顺就改哪里；三要积极学习外国优秀的经验和做法，充分借鉴国内其他城市的先进做法；四要深化文化产业改革，继续贯彻落实“马上就办”，推出创新化改革方案；五要通过财政、政策等多方面给予大力支持，推动深圳文化产业焕发出新的生机和活力，推出更多优质作品，开创深圳文化产业发展的新格局。

三、深圳文化体制改革特点与模式

（一）“拼”是深圳文化的典型特点

当前世界越来越多的国家开始重视文化的发展，纷纷制定符合自身特点的文化发展战略，甚至将文化发展作为国家整体发展战略的核心。当今世界是一个竞争激烈的世界，文化的发展逐渐成为影响成败的关键。梳理我国改革开放以来城市发展的历程就会发现，当前我国的城市发展已经到了拼管理、拼经济的关键时刻，以文化产业发展为核心的城市战略逐渐成为越来越多城市管理者的选择。深圳一直处于改革的前沿，文化产业发展也是如此，深圳坚持敢打敢拼的精神，大刀阔斧地推行文化体制改革，已经取得了明显的成效。

（二）"自觉、系统、彻底"——深圳文化体制改革的特点

1. 自觉性

从20世纪90年代开始，深圳一直冲在改革的最前沿。作为文化体制改革的试点城市，在市委市政府的大力推进下，深圳早在2003年就已经按照中央的决策和要求，不断推进文化体制改革向纵深方向发展。

2. 系统化

深圳文化体制改革是一个系统化工程，内容涉及方方面面，内涵极其丰富，不仅包括文化管理部门的职能界定，还包括国有文化资产的管理和监督，更包括营利性文化事业单位转企改制问题等，是一个完备的系统化工程。

3. 彻底化

深圳推进文化体制改革的目的，是要通过文化体制的改革创新，充分发挥各个职能部门的作用，更好地促进全市文化产业的发展和繁荣。深圳通过大刀阔斧的改革和兢兢业业的努力，清除了文化发展的体制性障碍，突破改革的重点和难点，实现了改革和创新，逐渐形成促进文化繁荣发展的有利环境。

（三）深圳文化体制改革的模式与运作

经过多年的努力，深圳逐渐形成了个性化的文化体制改革模式和文化产业运作方式。

1. 体制创新是文化体制改革的关键

深圳充分发挥文化市场机制的灵活性，通过体制机制的创新，培养多种多样的、富有市场竞争力的文化产业，如腾讯文化、雅图视频等一大批民营文化

集团正迎风起航、茁壮成长。

2.观念创新是文化体制改革的先导

深圳在全面深化改革的进程中，提出了文化立市、提升文化软实力、建设效益深圳等战略，着力建设创新型、智慧型城市文化，在全国城市中发挥了高效的引领作用。

3.提升文化软实力是深圳文化体制改革的目的

深圳深化体制改革，为文化产业发展注入发展活力和前进动力。深圳文化体制改革以前，文化产业增加值仅占全市GDP的3%，2020年迅速提高到10%以上，这充分说明文化体制改革为文化产业发展注入了新的活力。深圳深化文化体制改革，加强公共文化服务体系建设，为深圳市民提供了丰富的文化产品和文化服务。

4.出台和落实政策助推文化体制改革

深圳大力推进文化体制改革，严格落实党中央颁布的文化政策，发布了一系列配套文化措施，为助推深圳文化体制改革和创新提供了保障。

5.政府职能转变成为文化体制改革的重要推手

深圳出台了各种改革政策，为文化体制改革创造良好的环境。深圳市政府实现了从原来的"办文化"到现在的"管文化"的方向性转变；从过去单纯依靠行政手段管理文化到运用法律、经济、行政等多种手段、多种方式管理文化，为政府提供公共文化服务，探索出一条经营性市场化文化、公益性文化的发展之路。深圳曾出台一系列政策和制度，如推进全市文化品牌发展活动、丰富节庆文化活动、繁荣文艺展演活动等，活动一般采用政府购买、社会团体承办的方式社会化运作。

深圳文化体制改革方面的突出贡献，得到了党中央和广东省委的认可和肯定。深圳文化体制改革的经验和做法，尤其是"文化+"的文化产业发展模式受到广泛的认可和赞誉。接下来，深圳将根据文化体制改革配套的总体方案和部署，进一步推动文化体制改革向纵深发展，进一步加快推进深圳的文化建设，不断提升深圳文化软实力。

四、打造文化执法体制改革“深圳标准”

（一）构建了RIS文化执法标准体系

2015年至2017年，深圳市龙岗区文体旅游局为了促进文化产业发展，保证当地文化市场健康有序发展，探索出一套行之有效的管理模式，构建出一套全流程的RIS（Record，档案台账；Inspection，检查办案；Safety，安全生产）文化执法标准体系。该体系用完备的制度规范执法人员办案过程，用严格的规定来规范经营主体的经营秩序，从而杜绝了滥用裁量权、选择性执法和重复执法等弊端。

2015年，龙岗文体执法大队根据文化产业行业设计出一套完整的执法检查的标准流程和规范，对新闻出版、广电、文物、网络、文化、旅游、体育等行业进行规范管理。执法大队及时修订和完善自由裁量权标准398项，执法人员严格按照裁量权标准贯彻落实。标准的制定和实施，使得执法人员在执法过程中有法可依，避免了过度执法和执法盲点等问题。

2016年，龙岗文体执法大队通过改革创新，彻底改变了传统的手写执法文书的模式，充分利用移动执法设备，如4G无线网络、便携式打印机、平板电脑等，并实现龙岗区和全国文化市场机关监管与服务平台互联互通。执法人员在监管文化市场和执法过程中，可以随时录像并上传至平台，不仅保存了证据，而且保护了执法人员的人身安全。新模式可在移动设备上现场制作执法文书，当场打印处罚文书，同时上传至平台，改变了现场开具处罚意见，回到办公室再录入电脑的传统模式，避免了处罚对象利用这个时间差疏通关系，使执法人员面对被动局面的情况出现，极大地增加了处罚的公平性和透明度。新的执法模式有效规避了执法人员受干扰的问题，提升了执法效率和质量。

（二）完善文化市场综合执法管理体制

如果制度不能执行就会成为一纸空文。执法的主体是执法人员，执法人员的素质水平参差不齐，将直接影响执法的效果。如何打造一支信息化、专业化、规范化的文化市场综合执法队伍，是深圳文化体制改革的重点。为此，深圳市龙岗区文化旅游局以自由裁量权标准和文化执法权责清单为基础，逐渐完善案件督办、随机抽查、应急处置、举报办理等各种具体事项的工作流程，将工作流程标准化，形成保障到位、权责明晰、监督有效的文化市场执法管理制度。

五、以“文化+”优化文化产业结构

（一）产业结构优化路径

深圳站在改革的前沿，一直将改革创新作为文化产业发展的重要内容，以创意设计和科技创新两个内容为核心，不断优化文化产业结构，逐渐推进“文化+”产业发展模式，如“文化+金融”“文化+科技”“文化+旅游”“文化+创意”等文化融合发展新模式，推进文化产业快速、有序、健康发展。

2019年，国务院发布并实施《关于支持深圳建设中国特色社会主义先行示范区的意见》（以下简称为《意见》）。《意见》进一步明确了对深圳建设文化产业先行示范区的支持。自此，深圳发展文化产业和旅游产业有了政策上的支持，开始全力发展数字和创意文化产业。

深圳有着明确的文化创新发展路径，一步一个脚印助推文化产业的建设和发展。深圳探索出“文化+”文化产业发展模式，一大批文化科技企业涌现并迅速发展起来，这些企业以科技创新的形式赋予传统文化新内容和新形势。例如腾讯，作为深圳的龙头企业，以自主知识产权、高科技、数字内容为核心，引领创意文化产业迅速发展，迈进世界500强企业方阵。

（二）文化产业发展成果丰硕

深圳文化产业在一系列政策的扶持下，呈现出迅猛的发展势头，并取得了一系列丰硕的成果。深圳拥有百余家境内外上市文化企业，文化及相关产业法人单位超过10万家，从业人员达到100多万人，资产总计超过1万亿元，其中规模以上的文化企业达3000余家。据资料显示，深圳拥有超过60家市级以上文化创意产业园区，园区营业收入总额超过2000亿元，税收高达150亿元以上。从这些数字可以看出，深圳文化产业发展水平处于国内领先地位，其作为文化创意城市正在崛起。“文化+”模式是深圳大力推行的文化产业发展模式，其中“文化+旅游”主要是在以华侨城、华强方特为代表的主题公园发展模式的基础上，整合文化产业和文化人才等要素，着力打造文化旅游、文化演艺、文化艺术及文化相关产品制造业等产业集群，形成独具深圳特色的文化产业街区，不断引领深圳的新型文化消费方式。

第四节　深圳发展文化产业的重要性及趋势

一、发展文化产业是深圳的必然选择

（一）以文化立市，在传承和发展中繁荣

关于文化产业的发展，习近平总书记曾指出：“文化自信，是更基础、更广泛、更深厚的自信，是更基本、更深沉、更持久的力量。”自20世纪90年代，深圳经济特区成立以来，深圳陆续向世界展现了现代化、工业化和城市化的发展奇迹。同时，深圳的文化产业发展也呈现出日益繁荣的趋势。一座现代化的文化都市，正逐渐展现于世人面前。

深圳文化产业的持续繁荣和发展是当代文化自信的最好例证，同时也是一个不断认识自我、实现自我和超越自我历程的见证。深圳将建立文化自信作为城市发展的落脚点，文化发展决定了深圳这座城市的魄力和格局。中国拥有几千年的文化积淀，但深厚的文化积淀代表着过去，并不能决定未来。判断一个城市的文化发展潜力，不仅要看文化积淀的深度，更要看这个城市文化的流动水平和速度。城市间的文化竞争，一方面表现为文化积淀即文化存量之间的竞争，另一方面也表现为文化增量之间的竞争。深圳的文化特点表现为包容、智慧和创新，这正是深圳文化立市的重要体现。只有发挥这些优势，深圳才能真正成为具有国际竞争潜力的文化强市，真正实现文化上的自强和自信。

（二）自由开放的环境是深圳文化发展的直接动力

城市之间的竞争，一般要经过三个不同的发展阶段——经济阶段、管理阶段和文化阶段。从这个角度来看，城市之间的竞争最终依靠的是文化，因此，文化是一个城市可持续发展的不竭动力。从长远发展角度来看，文化是新一轮城市竞争的核心，也是城市走向繁荣和持续辉煌的关键所在。深圳市政府始终将文化发展作为城市发展的关键，因此始终坚定实施文化立市战略，提出“以文化论输赢”。维护国家文化安全就是维护国家的文化主权。公共文化服务真正服务的应是广大市民的文化权利。文化权利和文化主权是文化发展的两大支柱，也是城市文化建设的主体和核心，其他一切文化问题都应围绕它们开展。

二、深圳文化产业未来发展的政策支持

（一）资金支持为文化发展注入活力

深圳文化产业的迅猛发展，离不开政策的支持。过去几年，深圳积极支持文化基础设施建设，投入大量资金助力文化产业发展。未来几年，深圳将继续加大对文化产业的投入并采取减税降费等一系列措施，积极营造良好的文化产业发展环境。以华强方特文化集团为例，对其研发费用采取加计扣除等一系列政策上的优惠，极大地释放和激发了企业的活力。企业将这部分资金主要用于文化产品的创新和文化科技的研发。当前，华强方特文化集团已经积累了超过1500项知识产权。

深圳市政府大力扶持文化产业，不断升级扶持手段和方法。2020年2月9日深圳市人民政府印发《深圳市文化产业发展专项资金资助办法》（以下简称《办法》），《办法》采用了贷款贴息、资助和奖励等多种方式扶持文化产业发展项目。深圳积极培育文化产业主体，包括文化企业100强的认定工作，对入选企业在住房、人才和企业用地方面给予大力支持，对年营业收入增速超过30%的百强企业，给予最高100万元的奖励；大力支持中小微文化企业发展，对入驻市级以上文化产业园区的文化企业，给予年租金不超过50%、每年最高100万元的房租补贴，补贴期限不超过3年的政策；对于原创、研发型文化产

业项目，深圳更是大力支持，给予最高200万元的事后资助，不超过项目研发实际投入的30%；经认定为优秀新型文化企业的，给予最高100万元的奖励。此外，《办法》中还包括两个单向资助，最高可达500万元：一个是支持深圳实体书店的建设，对符合一定条件的中小书店、大型书城、连锁书店等，每年给予最高500万元的资助，且资助期限最长可达3年；另一个是支持转企改制国有戏曲艺术表演团体增强创作演出能力，对符合条件的设备更新和道具添置等给予最高500万元的资助。

此外，深圳在优化产业发展环境、构建产业服务平台、完善金融支持体系等多个方面，制定了不同层次、不同方面的奖励措施和制度支持，为深圳特色文化产业发展注入了新的活力。

（二）助力文化产业服务平台

深圳拥有“中国文化产业第一展会”文博会的品牌。2019年第15届文博会成交额达2340.12亿元，比2015年第11届增长52.42%，分会场也发展至66家。深圳的文化产业仍在不断优化之中，围绕国家政策的要求，在文博会中不断增强文化带动作用和品牌影响力，设立“文化和旅游融合发展馆”“一带一路馆”等重点展览馆。

深圳的科技类展会也比较普遍，其中高交会是最具影响力、规模最大的科技展会。落户深圳的高交会和文博会共同构成了深圳市的“双翼”。近年来，高交会不断创新会展服务形式，不断推动展会向更高层次发展，种类繁多的“文化+科技”项目在深圳市落地、聚集。

深圳的文化投资领域也在不断发展升级中，配套绿色金融通道服务，对文化创意企业尤其是中小企业给予针对性金融帮扶和支持，助力中小文化企业茁壮成长，为深圳的文化产业发展提供强有力的支撑。

三、深圳文化产业的前景和趋势

（一）深圳文化产业发展迈上新台阶

近年来，深圳走出了一条文化产业高质量发展之路，文化产业升级的步伐还在继续。深圳市市长在2020年政府工作报告中指出：2020年，深圳要继续推动高质量的文化产业和旅游产业发展；积极培育动漫游戏、数字文化、时尚文化等新业态；不断提升时装周、文博会、设计周等文化活动的国际影响力。深圳将致力于打造黄金海岸旅游带，创建国家全域旅游示范区，不断提升国际游轮旅游服务水平，并持续改造升级旅游景区，如锦绣中华、世界之窗等。

（二）助力深圳文化走向世界

深圳市政府积极推动文化产业走出深圳、走出中国、走向世界。深圳市政府立下了未来的目标，即继续夯实以质量为内涵的现代文化产业体系建设基础，打造国际文化创新创意先锋城市。深圳致力于推进国家级文化产业平台建设，重点培育文化经济，积极建设国际文化旅游消费中心，打造世界级旅游地，不断推动深圳文化逐渐走出深圳、走出中国、走向世界。

2

深圳外商投资文化产业的现状分析

>>>

受国家制度的影响，中国文化产业总体上呈现以政府为主导的特征。由于我国文化产业起步比较晚，文化产业体制改革一直在路上。中国的文化产业发展历程中，政府一直发挥着推动、发掘、培育、保护的重要作用。当前，不仅深圳，中国的其他城市也在改革原有文化体制，不断完善文化产业机制，逐步实现社会主义市场主导作用。

就我国来说，文化产业发展进程中政府起主导作用的原因在于：一是从维护国家文化安全的角度来说，政府有必要对文化产业进行政策性指导和管理。文化蕴含深厚的价值观，价值观是国家和民族向心力的基础，这是文化的特殊属性。从这个角度讲，文化传播和继承中还存在文化认同的问题，处理不好就容易造成文明或观念的冲突。二是政府主导可以使底子弱、起步晚的文化业态实现跨越式发展。我国政府具有强大的助推力，虽然部分文化业态实现跨越式发展需要一个漫长的过程，但依靠政府的助推作用不仅可以缩短时间，而且可以取得良好的效果。

从外商投资文化产业的角度来说，当前外商投资的主要方式是直接融资。目前，我国外商投资文化产业的门槛是很高的，特别是对外商的限制非常严格。外商进入新兴的视频网站等文化产业，尤其是涉及内容生产和传媒媒体方面难度非常大。从这个角度讲，如何把握好文化保护和文化开放的关系，寻找两者之间的平衡点至关重要。因此，深圳一方面要保护自己的传统文化产业，另一方面要理性地开展和世界的对话。积极接受外国文化进入的同时，也要推动深圳文化走出中国、走向世界。

第一节　中国外商投资文化产业的现状

一、外商投资的标准和限制

（一）外商投资的标准

外商投资文化产业，指外国投资者将持有的资金投入到中国的文化产业之中，并从中获取一定的利润。这种方式是外国投资者以经营者的身份，掌握企业控制权为目的的投资行为。一般来说，外国投资者在中国进行文化产业投资主要有两种方式：一是并购入股，二是设立新的企业。这就涉及并购和准入两个方面的限制。

国际经济关系直接影响投资规定。直接投资指某国家公民在其他国家直接进行投资并获得一定的利润，直接投资的动机是建立一种长久的互利共赢的关系，以确保直接投资者在投资企业的管理中起到决定性作用。《中华人民共和国外商投资法》（以下简称《外商投资法》）对外商投资进行了明确的界定，外商投资指“外国的自然人、企业或者其他组织（以下称外国投资者）直接或者间接在中国境内进行的投资活动”。

（二）投资的主要形式

外商在中国设立企业主要有两种方式：第一种是外商独资，指无论技术还是资本均来自外国自然人、企业或其他组织。外商全资设立的企业被称为外商独资企业。第二种是合作经营，指外国自然人、企业或其他组织与中国的企业或其他经济组织合作共同组建企业。外商与中方合营者设立合营企业，形成中外合作企业、中外合资企业等。一般来说，外商投资的企业多是非重点或非关键行业。《外商投资法》于2020年1月1日正式实施，根据第四十二条第二款规定，《外商投资法》施行前依法设立的外商投资企业，5年内可以保留原有的企业组织形式。这预示着，现有的外资企业、合资企业等经过5年过渡期后要重新变更组织形式。

投资者可以用现金来投资，也可以用动产、不动产、知识产权来出资。为了保证本国对文化产业的控制权，国家对外商投资设置了严格的门槛。

外商投资进入中国，一方面要遵守中国的法律规定，要在中国允许的范围内投资；另一方面投资者要获得政府的支持，要对当地的经济起到助力作用。如果投资者不遵守中国的法律，将不会受到中国法律的保护，例如，要履行特定的程序、积极争取外国资金等须征得政府的批准和同意。

二、外商直接投资文化产业的限制

外国投资者投资我国文化产业，一般来说会受到两种限制：一种是外资准入方面；另一种是外资并购方面。

（一）外资准入方面：限制外国资本进入文化产业领域

由于文化具有特殊的属性，中国注重维护社会主义核心价值观和公民道德规范，保护本国文化产业不受侵蚀，严格限制外资进入我国文化产业。当然，由于文化产业领域范围广泛，外资不会在所有领域受到限制，仅仅在核心文化产业领域，如广播电视、新闻出版等影响公民价值观的文化产业领域受到限制。文化产业的其他领域，尤其是创意属性较强的领域急切需要学习和借鉴外国先进经验，因此对于外资的限制并不严格。从这个角度讲，如何把握好保护和吸纳之间的平衡是文化管理者需要考虑的问题。在保护本国优秀传统文化的基础上，如何积极学习外国经验，引进外资，发展繁荣本国文化产业，是深圳亟待解决的问题。

（二）外资并购方面：外资对文化产业的投资受到限制

一般来说，外国资金进入中国主要是通过新设和并购两种方式，其中采用并购方式进入中国可能会造成形式上的垄断。由于文化产业领域本身的特殊性，特别是广播电视、新闻出版等普及面广的行业，集中垄断不仅会对文化多样性、公共道德和公众舆论造成负面影响，而且会扰乱本国的文化市场秩序。一方面，文化市场声音的单一性，会增加公民表达自由的成本，还会阻碍言论的自由，对思想多元化造成严重影响；另一方面，媒体的单一性容易引发负面消息传播，对先进价值观和公共道德规范造成负面影响，严重影响本国的文化市场秩序。基于上述原因，无论是哪个层面的外资引进，文化产业的特殊性都决定了深圳市政府必然会采取管制措施。外资准入一方面要满足准入要求，另一方面要满足反垄断要求。此外，深圳对于外资的限制并不只是发生在其首次进入深圳的过程中，还包括首次进入深圳后外商投资企业对其他企业的并购行为中。

第二节　深圳外商投资文化产业的特点和趋势

一、深圳外商投资文化产业的特点

由于文化产业本身的独特属性，深圳对于外商投资文化产业的限制比其他产业更加严格。从整体上来说，深圳的外商投资文化产业主要呈现出以下几个方面的特点。

（一）监管主体的复杂性

文化产业的监管主体具有复杂性特征，不仅包括反垄断部门，还包括广播电视管理部门、新闻出版管理部门、文化遗产管理部门、文化执法部门、外资监管部门等，这些部门的权力由不同的法律赋予，不仅法律适用容易产生冲突，而且主体之间的权力划分也容易产生冲突。因此，法律需要厘清和界定主体的职责，统筹协调不同主体之间的关系，防止产生重复监管、监管盲区或监管不到位的现象。

（二）国家之间文化的博弈性

世界上各个国家处于不同的发展阶段，社会文化千差万别。各个国家在制定文化政策或立法过程中，会充分考虑自身文化的特点，并根据自身文化发展阶段设置不同的限制。每个国家由于发展背景不同、历史不同，维护的文化利益也不尽相同。从外商投资文化产业的角度来说，在投资条件确定的过程中，双方会围绕文化产业产生激烈的争论，尤其是视听产品等涉及范围广的行业，双方利益的协调往往存在较大的调节空间。双边、多边谈判中文化产业的准入问题往往成为双方博弈和争论的重点。

（三）立法的分散性

目前，我国并没有一部专门的法律对外商投资文化产业进行规定，各种不同的规定往往分散在《中华人民共和国文物保护法》《信息网络传播权保护条例》《娱乐场所管理条例》《出版管理条例》等法律、行政法规之中。

（四）限制内容的复杂性

从整体上来说，文化产业是一个庞大的部门，不仅包括新闻出版、广播电视等众多具体门类，往往还与互联网、制造业和零售业等相互融合，所以，外商投资文化产业的限制，不仅要有利于吸引文化创意和资金，提高创新水平，促进本辖区内文化产业的发展，更重要的是保护本辖区内文化的多样性和传统属性，避免被同化。

二、外商投资文化产业的趋势

文化产业具有民族性特征，应尊重各国文化的独特性。近年来，世界上许多国家正在逐步放开对外商投资文化产业的限制，主要表现在以下几个方面。

（一）逐渐放开准入限制

广播电视行业是文化产业中的传统行业，其准入条件也极为苛刻。

当前，世界上很多国家已经逐步放开广播电视行业的外资准入限制。如2006年澳大利亚进行媒体改革以后，就逐渐取消了外商投资本国付费电视、报纸行业的限制，同时也取消了外国人在付费电视、报纸行业担任高级管理人员的限制。近年来，印度也逐渐放宽了媒体行业的外商投资准入限制，吸引了大批外商投资者的目光。英国非常重视文化产业的发展，外资进入英国文化领域限制并不多，在英国“通信法”（2003）中删除了对非欧盟成员方投资英国广播电视等传媒行业的准入限制，外商投资英国文化产业准入限制更加放开。墨西哥一方面放开了外资进入广播传媒业的准入限制，另一方面简化了外商持股公司在程序上的要求，更加有利于外资进入墨西哥文化行业。

（二）逐渐放开并购限制

从并购限制上来看，媒体行业作为文化产业的核心，呈现出自由化发展的趋势。美国从20世纪90年代颁布“美国电信法”开始对文化产业投资逐渐放松管制，企业拥有广播电视台的数量政策放宽，允许媒体跨机构和跨行业合并。澳大利亚于2006年开始，允许不同媒体平台之间进行合作。近年来，随着新媒体的兴起，广播、电视和报纸等传统媒体之间的界限逐渐模糊，这为外商投资媒体领域提供了极大的便利，很多国家也从立法角度放开了外资并购媒体产业的限制。

（三）逐渐放开立法层面的限制

近年来，国际条约多采用负面清单方式对文化产业外商投资进行限制。负面清单的模式最初由美国提出，当前中国、日本、澳大利亚、加拿大等多个国家也在逐渐推行负面清单制度。负面清单制度一方面具有较高的透明度，另一方面意味着较高的开放性。负面清单制度坚持以开放为基本原则，不开放为例外，没有被列入清单则意味着彻底开放，列入负面清单意味着一定程度的限制或禁止。

三、深圳文化产业逐步实现对外开放

（一）文化产业开放以国家安全为前提

文化产业不仅反映地方经济能力，而且带有意识形态功能。深圳在不断扩大文化产业对外开放的进程中，必须在坚持社会效益和经济效益相统一的基础上，将社会效益放在首位，严格控制开放的方式、方向、节奏，尤其要将国家文化安全问题放在首位。

过去深圳的开放基本上集中在物质领域，目前已经逐渐扩大到文化产业和服务业，其中文化产业领域因关系到国家安全而具有特殊属性，深圳在逐步扩大开放的同时一定要把握这个前提，尤其是在文化娱乐聚集的地方。深圳近年来允许在本市设立外商独资演出机构，并提供一定的相关服务。由于文化产业领域的特殊属性，其不仅具有经济功能，而且带有意识形态功能。从这个角度讲，对外开放的效果和潜在风险需要一段时间才能显露出来，因此文化产业领域的开放还需要一定时间。深圳在扩大开放的进程中要将国家文化安全问题放在第一位，在保证安全的前提下适当、适度地开放。

（二）有效竞争是文化产业开放的助推力

我国法律法规对外商投资文化产业有相关规定，如《娱乐场所管理条例》《营业性演出管理条例》《互联网文化管理暂行规定》等都对外商投资文化产业有一定的规定。《娱乐场所管理条例》规定，外国投资者可以与中国投资者设立合资经营的娱乐场所，但不得设立外商独资经营的娱乐场所。从宏观角度讲，深圳对于外国资本进入文化行业非常谨慎，尤其针对不确定性比较高、流程不标准、并购整合难度大、资本退出困难的行业设置较高的门槛，提高限制，这样可以在一定程度上保证优秀传统文化的安全性。

从促进文化发展的角度来说，文化领域的开放要逐渐加大，这样才能更好地推动我国文化对外开放的程度。对于深圳文化产业管理部门来说，持续提高文化产业数量和质量，才能满足深圳市民日益增长的美好生活的需要，才能不断增加文化的竞争力，进而提升文化软实力和国际影响力，不断提高国际文化交流水平。

从文化产业的竞争与合作角度来说，我国的文化产业和国际文化产业一方面要竞争，另一方面也要合作。如果没有竞争，就难以提高文化产业发展水平，难以促进文化产业的持续发展；如果没有合作，就不能更好地推动文化产业的发展，难以助推文化产业有序走向国际市场。文化产业的持续发展需要市场竞争，这有利于文化产业领域的活跃度和竞争度，如深圳准许设立外商独资演出经纪机构，这项措施有助于释放文化产业发展的活力和竞争力。

所以，对外开放措施对深圳具有重要意义，具体来说，表现为两个方面：一是体现了国家政府对文化产业开放的政策思想，二是深圳文化产业试点成功，将为国家积累成熟的文化产业发展实践经验。如果将这些经验在全国推广开来，将为全国文化产业发展带来较大的活力和推动力。

第三节　深圳外商投资文化产业存在的问题

在我国，文化产业概念的提出，至今已经有二十多年的时间。多年来，我国对文化产业领域外商投资的限制没有大的改变，可以看出我国对文化产业领域外商投资限制的严格程度。我国文化产业立法水平比较低，立法相对分散，立法的先进性方面存在较多问题，导致立法重复、冲突现象时有发生。我国自贸区负面清单和外商投资指导项目目录中虽包含大量的文化产业内容，但是在清单设置上还存在一系列问题。从宏观角度讲，深圳文化产业外商投资主要存在以下几个方面的问题。

一、负面清单设置水平有待提升

目前，我国对外条约采用的仍是正面清单制度，负面清单制度已经开始积极探索使用。实施负面清单制度的目的是为对外条约提供实践基础，这是一个积极的实践。我国在负面清单制度实施过程中应注意以下几个方面的问题。

（一）自觉规避产业风险

在设置文化产业负面清单的过程中，要注意自觉规避产业风险，包括文化产业开放过程中和开放后导致的一系列问题，如开放后本国文化产业竞争力下降、难以为继，导致新型文化产业发展困难的情况等。

（二）负面清单的透明度低

文化产业立法面临复杂的现状，负面清单的透明度存在多种问题。如负面清单只罗列限制措施但没有指明它的法律渊源，这种透明度的缺乏容易给投资者造成较大的困惑。

（三）思维转换的困难

当前，我国已从资本输入为主变成了资本输入和输出兼具的国家，采用国民待遇和负面清单制度契合我国国情，但是在负面清单设置的时候要注意转换思维方式，平衡、客观地从出资国和引资国两个角度考虑问题，如果仅仅从一个角度考虑，就会出现各种各样的现实问题。

二、竞争法层面存在文化产业关注盲区

（一）《中华人民共和国反垄断法》中没有集中考虑文化产业范畴

我国没有专门的法律对文化产业外商投资并购的问题进行规定，仍然采用反垄断手段进行管理。《中华人民共和国反垄断法》（以下简称《反垄断法》）规定，外商投资造成了经营者集中反垄断审查，但是这些审查并没有对文化产业范畴，尤其是对媒体行业进行更多的考量。

（二）《反垄断法》没有关注媒体多元性

根据《反垄断法》的相关规定，经营者没有达到相关的申报标准，但是有关部门依法收集的相关事实和证据已经表明该经营者具有排除竞争或限制竞争效果的，按照要求应当依法进行调查。从这里来看，《反垄断法》只是对“排除、限制竞争效果”进行了规定，并没有表现出对文化产业，尤其是多媒体行业损害的关注。《反垄断法》只是要求反垄断执法机构进行调查，并没有要求文化主管部门积极参与其中，从这个角度讲，具体执行过程中未充分考虑文化产业的特征。

三、外商投资的限制条件单一

（一）外资准入限制调整小

从近十年情况来看，我国对于文化产业领域的外资准入限制调整较小，这与文化产业快速发展的现状严重不符。近年来，我国文化产业发展迅速，出现

了一些新业态、新情况和新问题，但是利用外资方面的限制没有变化，这并不符合文化产业发展的现状。规定滞后于发展现状，不仅不符合文化产业现实情况，而且不利于文化产业的发展。

（二）深圳对文化产业限制单一

当前部分文化企业，尤其是互联网文化企业，为了获取外国资金的投资，故意绕开禁止外资进入的限制，游走于立法的灰色地带，正是由于我国文化产业的相关限制规定相对单一，这在很大程度上阻碍了企业获取外资的可能性。文化产业限制的单一性，会严重阻碍企业获取资金的广泛性和可能性，从而减少文化企业发展的空间。从这个角度讲，深圳可以考虑放宽文化产业外资准入的限制，对于需要限制的领域可以考虑多样化、多层次限制，达到文化利益需求和企业发展的双向平衡。

四、文化产业领域立法水平偏低

（一）文化产业投资限制凌乱琐碎

我国有关外商投资的法律法规大体可以分为两种，一种是《外商投资法》，这是针对外商投资的重要法律，另一种是行政法规和部门规章，这是对文化市场不同领域规定的补充。一般来说，对文化产业外商投资的主要限制一般集中在文化产业具体领域的法律法规之中，但这些文化立法规定较为零散和琐碎，规定之间存在冲突、盲区和重复现象，在一定程度上影响法律效力。

（二）立法内容滞后于文化产业现状

从文化产业的内容方面来说，文化产业涉及的行业门类众多，包括文化场所、广播电视、娱乐场所、音像制品、互联网文化等多个领域，且部分领域包含的多种行为由不同的法律法规进行监管，如音像制品制作和发行等每一个环节都有专门的法律规定，法律文件较为复杂，非专业人士难以收集和查询。从法律文件内容来看，各行业法律规定之间存在重复和冲突之处，不同法律规定对象界定不清，适用范围不明，如《营业性演出管理条例》中对演出的规定与《娱乐场所管理条例》中对演出的规定就存在不同之处；《互联网视听节目服务管理规定》和《互联网文化管理暂行规定》中对文化的界定等存在重合或盲点问题。相对于文化产业日新月异的发展变化，我国相关立法严重滞后，已经明显不适用于当前的社会现实。此外，规范性文件虽然比立法灵活好用，但是同样存在难以满足现实文化产业发展需要的事实，部分文化产业规范性文件出台时间过早，也面临更新问题。

第四节　深圳外商投资文化产业的建议

一、逐渐完善负面清单

《外商投资法》中明确规定，对外商投资准入的相关规定主要采取备案的方式，已经逐渐废除了审批制度。负面清单模式，列入特殊管理清单的产业需要经过行政许可程序，主要采用清单准入制度。在国际社会中，投资的自由化程度比较高，为了与国际社会接轨，同时为了改进文化产业投资模式，我国也开始实施负面清单制度。针对不同的范畴，负面清单分为国内和国际两个不同的层面。

（一）国内法层面上的负面清单

一般来说，负面清单规定的措施主要是以国内法为依据的，从这个角度讲，负面清单的设置并不是一劳永逸的，应伴随着法律法规的修订而修订。因此，以国内法为内容的负面清单应该注意以下几个方面的内容：一是提升清单的透明度；二是提升清单的即时性，及时依据法律法规对清单进行修订；三是自觉对接法律条款。

（二）国际法层面上的负面清单

国际条约中的负面清单，可以与例外条款相结合，并设置好两种类型的清单，即措施清单和可变措施清单，将开放文化产业的风险降到最低，这样一方面将现有的文化产业对外资的限制纳入措施清单，另一方面可将文化产业领域的规定放在可变措施清单中，为将来的调整留出余地。一般例外条款，作为一项兜底条款，要保证在合理限度内对文化产业留有本国管理权限。

二、具体领域中适当放宽限制条件

从文化保护角度讲，文化立法一方面要保护国家文化利益，另一方面要鼓励企业提升自身的生产力和创造力。文化限制要有针对性，对于商品性和经营性强的行业要开放准入；对于那些严格控制的行业，要考虑到行业长远发展，结合地区发展需求有针对性地禁止外资进入。深圳在限制外商投资进入文化行业的时候，一方面要注重保护文化领域安全，另一方面要激发企业活力，使企业不断发展壮大。要注意外资的进入和退出，遇到政策变动会导致企业不稳定，要充分发挥市场主体的创造力，进而促进文化产业的全面升级。

（一）鼓励有限合伙形式

深圳应积极鼓励外资进入文化领域，对于中外合作的文化领域一方面鼓励采用有限合伙的方式，另一方面要不断扩大文化领域外资的引入。文化领域采取有限合伙方式具有巨大的优势：一是有限合伙方式不仅简单易行，而且具有稳定性和长期性特征；二是有限合伙方式承担有限责任，从一定程度上可以保护投资人的资金，降低投资人的风险，在一定程度上解除投资人的后顾之忧；三是有限合伙方式具有灵活性特征，其在出资方式、出资比例和利润分配方面都比较灵活。此外，有限合伙形式的灵活性还表现在无须遵循各种严格的程序，这一点满足了中小企业管理和融资的需求。

（二）实施双重股权制度

2013年党的十八届三中全会明确提出，支持建立健全现代化市场体系，探索实行特殊管理股制度。以英国《每日电讯报》《每日邮报》等公司为例，在采取了双重股权制度后，都取得了良好的效果。深圳可以充分借鉴双重股权制度，利用外国资金和民间资本，确保国有股权的一票否决制，保证国家在文化领域的领导作用，这样一方面充分活跃了文化行业市场，另一方面解放了国有资金，扩大了对社会资本的利用范围。此外，双重股权制度在一定程度上可以避免受到股价波动的影响，确保国家对文化领域的控制权。

（三）放开文化准入限制

一般来说，各个国家限制外资进入文化领域，目的在于保护本国文化产业。相关部门立法时，应该充分考虑文化产业实际需求，并致力于文化产业未来的发展，这需要立法者和政策制定者明确本国人民群众对文化产业的实际需求，在保护本国利益的前提下，尽量放开那些非必要的限制措施。当然，对于确须严格控制的领域，仍要严格执行禁入措施，严格控制外资进入。深圳可将限制领域以外的文化经营企业全部纳入市场，建立现代企业制度，允许外国资本和社会资本进入。从准入市场领域角度来看，深圳可以尝试允许个人资本进入商业频道、新闻出版业务等领域，充分利用多种资本形式，激发文化市场的活力，促进文化市场繁荣发展。当前，为了激发文化市场活力，深圳还是要进一步降低准入限制，在国家掌握实际控制权的基础上，充分满足企业关于融资的需求，促进文化的多样性和繁荣性发展。

三、立法应突出文化产业利益

（一）出台《中华人民共和国文化产业促进法》

《中华人民共和国文化产业促进法》（以下简称《文化产业促进法》）对外商投资的限制进行了相关规定。《文化产业促进法》作为一部文化产业领域的法律，有必要对维护国家利益作出明确规定，且通过立法规定文化产业的特殊利益，对文化产业领域相关问题进行指引，在立法进程中和管理部门履行职责时，充分考虑文化产业的特殊属性。

（二）规避外资并购造成的损害

深圳应充分掌握主动权，自觉规避外资并购对文化产业市场造成的损害。以韩国文化相关法律为例，“韩国文化产业促进基本法”提出，韩国文化产业促进法的立法宗旨是为文化产业的发展繁荣奠定基础，为本国文化产业的发展提供一定的支持和扶持，以实现国民文化生活品质的提升和促进国家经济的繁荣发展。日本“关于促进内容的创造、保护及活用的法律”的立法目的，也是综合有效推进文化产业的发展，充分利用各种活用措施，为国民生活的改善和国民经济的发展服务。我国可以充分学习韩国和日本的经验，在《文化产业促进法》中做出相关规定。针对文化产业领域中引进外资的问题，外资并购文化企业目前可能没有发生外资并购造成集中进而损害文化多样性的问题，但是随着外资准入门槛的降低和限制手段的减少，未来或许会有这样的情况发生。尤其是随着深圳文化产业的快速发展，外资加速进入新媒体行业，客观上存在对行业产生损害的可能性。从这个角度讲，我们有必要在立法目的中予以明确。针对当前现状，虽然我国还不具备在文化立法上进行改革的条件，但可以做出这种规定，为将来出现类似问题留出一定的余地。因此，我国可以充分参考外国的先进经验，在专门的文化产业立法中，设置严格的审查程序，确保我国文化的安全性和稳定性。

3

深圳外商投资文化产业的商业模式

>>>

随着文化产业的快速发展，文化产业投资成为国际投资领域的重要组成部分，对文化产业投资进行法律风险的规避已经成为不可回避的问题。从国际层面讲，各个国家的产业发展、文化属性、经济发展不一样，文化产业领域外商投资，在准入程度、准入领域、准入内容等问题上难以实现统一。当前，国际上并没有形成专门的国际公约对其进行规定。国际上只是通过准入承诺、负面清单或概括条款等规定方式进行保留，制定文化产业外资准入问题规定的权力留给了各个国家的国内法律。其中美国采用负面清单方式，在对外缔结协议协定中使用，目的是扩大外资准入的范围和提高准入程度。部分国家也学习美国的经验做法，开始尝试使用负面清单模式管理外资准入相关事项。

文化产业本身具有灵活性、包容性、多样性和开放性特征，科学技术的快速发展为文化产业发展提供了广阔的空间，从这个角度讲，文化产业外资准入清单设置并不是一件简单的事情。深圳文化产业领域外资限制，一方面要为文化产业的未来发展留出足够的空间；另一方面还要保护国家文化利益和安全。此外，外资应选择哪种清单、包含哪些行业、囊括哪些领域，这些都值得研究。总之，如何达到文化发展和文化安全之间的平衡点，是文化产业外资准入的目标，同时也是难点所在。

第一节　文化产业正面清单

早期贸易协定中常采用正面清单模式，尽管当前负面清单已经得到广泛使用，但正面清单模式并没有被彻底放弃，依然有部分主体采用正面清单模式。

一、文化产业传统型正面清单

当前，国际条约通常采用正面清单模式，对开放的文化产业领域进行管理。如WTO模式下的GATS就是正面清单模式的典型代表，部分自贸区也采用正面清单模式。一般来说，正面清单包括几个部分，如国民待遇的限制、准入措施、最惠方待遇等。

（一）《服务贸易总协定》

WTO的《服务贸易总协定》（即GATS）就采用了正面清单模式，即对承诺的项目进行开放，开放的项目主要根据承诺内容确定。成员方主要对以下方面进行承诺，一是国民待遇；二是市场准入。一般来说，成员方对跨境服务、商业存在等提供服务做出承诺，有关文化产业的承诺主要集中在视听服务、娱乐文化、体育服务等方面。

在国民待遇方面，如文化行业领域对本地区、本国家语言或内容使用上具有倾向性，对于本地区、本国家的艺术家配额也有倾向性，此外还从资金上给予特定的补贴。成员国从特殊文化利益方面考虑，可以向特定地区或国家提供特殊的待遇。为了保证双边条约的优先效力，部分成员方要求双方放开优惠以达到最高的效力，有的则是为了特定地区，如欧盟等群组的特殊文化利益。

在市场准入方面，是对商业存在形式进行承诺，限定服务提供者通过特定的企业形式提供服务。在具体的市场准入实践过程中，作为东道主的一方规定外国投资者提供文化服务，要采取设立子公司、合资、合作经营的方式，而不得采用设立分支机构的方式。针对外资在特定服务中的参与程度，一般通过设置外资参与程度、限制最高投资额的方式来参与文化市场。在具体的文化市场准入实践中，一般限制与特殊限制结合在一起，尤其是针对敏感的文化产业领域、特殊保护的领域或优质文化产业领域。

（二）自由贸易协定

目前，文化市场领域中部门自由贸易协定中常采用正面清单模式，正面清单模式内容和GATS内容有较大的相似性，其中包括市场准入、待遇规定、承诺内容。

依据中国与韩国之间的自由贸易协定，中国和韩国两个国家在文化产业领域方面采用正面清单模式。韩国在视听服务上，包括电影、录像制品、录音制品分销服务上，给予了全面准入和国民待遇。在出版服务方面，对期刊和报纸进行必要的限制，其他行业没有进行限制。中国和新加坡、秘鲁、新西兰等国家的自由贸易协定采用的也是正面清单方式。泰国承诺在文化领域的广告行业实现外资准入，智利与泰国之间的自由贸易协定规定两者之间的贸易协定采用正面清单的方式，但是两国之间相互开放的产业领域比较少，如在“体育和其他娱乐服务”的国民待遇方面，智利掌握体育企业的所有权份额，对方国家没有投资权利。

欧盟国家对外签订的自由贸易协定中也采用正面清单方式，清单明确规定，除了视听服务行业以外，文化产业领域中的其他行业外资准入全部采用正面清单方式。欧盟与韩国的贸易协定也采用正面清单方式，其中，明确规定清单范围要依照韩国与欧盟签订的文化合作协议确定。欧盟与新加坡之间的自由贸易协定、欧盟与越南之间的自由贸易协定中的相关协议的规定也是如此。

二、文化产业例外正面清单

（一）《〈内地与香港关于建立更紧密经贸关系的安排〉服务贸易协议》（以下简称内地与香港CEPA服务贸易协议）正面清单模式

我国内地对香港的投资，除了特殊和专门规定外，一般采用外资准入的规定。我国内地和香港签订了一系列经贸协定，其中内地与香港CEPA服务贸易协议于2015年正式签订，此协议整体上采用了负面清单的模式，但是其中的电信行业、文化行业等仍然按照传统的正面清单模式。

2015年11月，我国内地和香港签订了内地与香港CEPA服务贸易协议，这是首个内地全境采用“准入前国民待遇+负面清单”方式全面开放服务领域的自由贸易协定。需要指出的是，在文化服务领域，相关规定是在贸易自由化基础上形成的，规定了内地与香港双方同意逐渐减少歧视性措施保持让步。协议规定的文化领域范畴包括杂志、报纸、图书、有线电视、音像制品、图书馆、博物馆、档案馆等。协议提出双方在文化娱乐方面进行如下创新性合作：一是对于同一香港服务商在内地开店数量超过30家的，应该允许其以独资或合资的方式从事杂志、图书、报纸等零售服务，不再进行股权比例的限制；二是允许香港投资商在广东独资设立娱乐场所；三是允许香港投资商或服务商在内地从事游戏游艺设备的销售和服务工作。

（二）外资准入采用正面清单

正面清单坚持的原则是以准入为基本原则，不准入为例外，这是文化产业外资准入的传统模式。正面清单模式具有其先进性，一方面可以较好地把握对外开放的尺度，最大限度避免、减少相关风险；另一方面可以预防由于外资涌入对本国文化多样性造成的伤害。正面清单在一定时间段内，在具有特殊属性的文化产业领域备受青睐，不仅如此，部分负面清单协议中也留出专章设置正面清单，如内地与香港CEPA服务贸易协议主要采用的是负面清单模式，但是其中专门留出一章设置了正面清单。从中可以看出，正面清单的使用在文化产业领域外资引入管理模式中具有积极作用，正面清单模式在一段时期、一定范畴内具有重要的价值。

第二节　文化产业负面清单模式

负面清单模式通常建立在“国民待遇”的前提和基础之上，在早期的国际投资条款之中，东道主一般会承诺外国投资者进入后享受国民待遇。外国投资者进入本国或本地区以后，东道主在其运营期间提供保障，保证不滥用征收税费等方式阻碍投资方的经营，甚至对征收税费行为进行赔偿或补偿，以支持鼓励投资方的经营。近年来，随着文化的多元化发展，国民待遇的范围逐渐延伸至准入前阶段，外商投资在扩大、并购、设立、运营等方面都可以享受国民待遇，这一方面反映了资本在世界范围内的自由流动，另一方面也体现了为适应经济全球化的需求，尽可能保证投资方经营不受限制。对于一个国家的敏感行业或优质行业，一定要进行必要的限制，这种方式就是负面清单方式。在负面清单模式下，缔约双方在投资和贸易过程中对于不符合相关规定的措施进行适当保留，在负面清单以外的行业则实现完全的自由化。深圳的文化产业要根据自身实际，结合文化产业发展规律，决定是否采用负面清单模式，对此一定要慎重决定。①

一、负面清单中的加减码清单

现有的国际条约在具体实践中，一般情况下采用两种负面清单模式：第一种是“减码”清单，也被称为既有措施清单，指法律法规规定中的限制措施与条约中规定的义务并不相符；第二种是“加码”清单，也被称为可变措施清单，指针对清单内的行业，政策、法律的更新上没有进行限制，可以选择保持原状，也可以实行更加严格的措施。

（一）减码清单

一般来说，减码清单主要列举了以下几个方面的内容：不符措施依据的国内法律法规的名称；不符措施内容的详细叙述；权责双方的具体义务，如最惠方待遇、国民待遇、履行要求等；文化产业中的禁止或限制部门。

以美国无线电限制为例，美国专门对无线电的国民待遇进行了保留，其中包括无线电执照中所列的所有权份额以及无线电广播领域。在美国、墨西哥、加拿大三国协定中，美国专门对负面清单中的减码清单做出规定：美国自身掌握无线电执照的持有份额，无线电站的许可不得授权给他国政府或个人。外国人、外国公司、合资公司可以持有公司15%以上的股份，但是控制权始终掌握在美国人自己手中。如果公司以直接或间接方式被另一公司控制，而控制

---

① 李予同.准入前国民待遇加负面清单模式的国际经验及对中国的启示［D］.华东政法大学，2016.

方公司25%以上的股权或股票在外国政府、外国公司、外国组织、外国持有人手中，则按照美国负面清单中的减码清单不能授予该公司广播许可。不仅如此，美国在2008年与卢旺达签订的双边协定中也有相似的规定，保留广播电视方面的控制权。从中可以看出，美国在文化领域依然保留控制权，尤其是对广播电视行业的控制权进行了保留，在无线和广播执照方面仍然要按照美国的法典和FCC（美国联邦通信委员会）的相关规定。不仅美国如此，乌拉圭也在文化领域的限制方面保留了控制权。美国和乌拉圭的投资协定中，乌拉圭也做出规定：乌拉圭对平面媒体的控制权进行保留，具有乌拉圭国籍的自然人才能担任期刊和报纸的责任编辑或经理人；在广播电视方面也是如此，尤其是免费无线电视和广播服务方面，只有乌拉圭籍的自然人才能提供。协定还规定，所有提供广播服务的企业股东或者合伙人，应该是在乌拉圭有固定住所的乌拉圭籍的自然人；广播企业的董事会成员、责任编辑、经理或者高级管理人员应当拥有乌拉圭国籍，付费订阅电视企业的管理人员或责任编辑也必须是具备乌拉圭国籍的自然人。

（二）加码清单

一般来说，加码清单要列举未来可能出台的新的、更加严格的措施，其在内容上包括条约义务、具体部门、不符措施的描述，其中缺少减码清单中的国内法这一项内容。这主要是由于加码清单涉及的国内法可能发生变化，所涉及的限制措施也会发生变化，所以无法将其一一列明，因此在清单中也无法列明。加码清单的优点在于，针对日新月异的发展变化却又关乎国家安全或国家利益，但是目前还不能预测到将来会出现的新的服务形式，有必要列出清单，为将来限制措施的实施留出一定的余地。加码清单模式的优势在于，提高缔约双方对限制措施的可预见性，降低缔约成本，这主要体现在当缔约双方国内法、措施发生修改或变化的时候，不需要再进行漫长的谈判或磋商，为双方节省时间、资金上的成本。文化产业领域自身特点决定了加码清单模式非常适合文化行业，从具体实践中可以看出，文化产业应用加码清单比其他产业具有更大的优势。

以新加坡与澳大利亚之间的自贸协定为例，该协定修订于2017年，协定中减码清单列举了体育和娱乐产业的本地化需求，此项大体占到1页的篇幅，但是在加码清单中，协议用4页以上的篇幅，详细列举了广播、娱乐、体育、视听等行业在不久的将来可能出台的不符措施。根据协定，澳大利亚在体育、通信、娱乐等行业领域中，有权在文化遗产、创意艺术、档案文化、娱乐服务、视听服务等领域采取有关措施。新加坡一方将广播、娱乐和文化服务相关内容列入负面清单，始终保留对文化遗产、创意文艺以及其他文化服务采取的限制措施。从中可以看出，加码清单契合文化行业特点，是一种保留性方式，目前许多国家都采用加码清单方式。

二、国际条约中文化产业负面清单形式的使用

（一）加拿大对负面清单的使用

加拿大非常重视文化产业的发展，尽管与其他多个国家缔结的条约中一般采用负面清单的模式，但是其仍然坚持运用过去的传统，概括性地将文化产业从缔结的条约整体中排除。如1989年加拿大和美国签订的自由贸易协定中明确规定排除文化产业，协定明确界定了文化产业的定义，并将文化产业的内容进行了明确：一是新闻出版类，包括出版物出版、分销，销售图书、期刊、报纸（报纸包括纸质版报纸和电子化等其他可读版本的报纸），但是不包括单纯的打印或排版方式；二是视频录像类，包括生产、分销、销售或者展览电影或视频录像等；三是音乐类，包括出版、分销、销售、展览各种形式的音乐；四是广播电视类，包括公共接收的无线电通讯、广播电视、卫星节目和广播网等服务。不仅如此，加拿大、美国、墨西哥三国签订于1992年的北美自由贸易协定沿用了这个规定；2012年中加双方签署的《中华人民共和国政府和加拿大政府关于促进和相互保护投资的协定》也沿用了这个规定。

加拿大和洪都拉斯签订的自由贸易协定采用负面清单的模式，明确将文化产业领域排除在外，也就是文化产业领域并不适用于该协定。加拿大和韩国签订的自由贸易协定也是如此，协定明确将文化产业领域排除在外。加拿大和巴

拿马签订的自由贸易协定也明确将文化产业领域排除在外。加拿大与秘鲁签订的自由贸易协定也是如此。从上述协定中可以看出，由于文化产业的特殊属性，许多国家在签署协定时将文化产业领域排除在外。当然，我们需要知道，尽管这些协定将文化产业排除在外，但是仍然对相关领域进行了保留，如加拿大与韩国签订的自由贸易协定虽然明确排除了文化相关产业，但是韩国政府仍然在附件中对加拿大文化产业包含范围以外的博物馆、报纸出版、视听服务、广告动画等文化相关领域进行了保留。可以看出，各国在保护文化安全和推动文化发展之间的矛盾心理：一方面，一切发展都必须建立在文化安全基础之上；另一方面，促进文化繁荣发展始终是各国执着的追求。深圳如何在保持文化安全和推动文化发展之间寻找到一个平衡点，这是值得思考的问题。

（二）欧盟与加拿大之间的综合经济与贸易协定为深圳设置地区性负面清单带来新理念

缔结自贸协定时，欧盟主张排除视听服务，而加拿大主张排除文化产业，管控分歧也因此带来新的尝试。在加拿大的坚持下，欧盟首次采用负面清单模式缔结自由贸易协定。该协定规定，国民待遇、最惠方待遇、市场准入、履行要求等条款，不适用于欧盟的视听服务和加拿大的文化产业，并对文化产业做出界定。该协定“概括性排除文化产业适用”的做法带来了积极效应。在该协定序言中，一是比较明确地阐述了联合国教科文组织“文化多样性公约”以及文化例外对缔约双方的重要意义；二是依照加拿大过往的实践来界定文化产业的含义；三是明确对文化产业相关领域的排除适用于该协定的所有章节。欧盟主张“视听服务”例外存在一定的内容局限性，而纳入加拿大的文化产业界定排除条款则能够在一定程度上弥补这种内容性不足。由于双方都持文化例外的立场，所以该协定采用负面清单模式对双方经贸等方面交流不产生实质性影响，这为深圳这一重视文化多样性的地区设置负面清单带来新的理念。

三、文化产业国内法上的负面清单

负面清单不仅仅是国际条约中列明投资承诺的方式，也有国家将其作为国内法上管理外商直接投资的手段。在国际条约中积极主张和采纳负面清单的美国、澳大利亚，并没有在国内法上设置负面清单，但是也有少数国家如印度尼西亚、菲律宾等，采用了国内法意义上的负面清单的管理模式。从2018年起，中国管理外资市场准入统一使用负面清单制度。《外商投资准入特别管理措施（负面清单）》，对文化产业的外资准入，在新闻出版，广播电视播出、传输、制作、经营，电影制作、发行、放映，文物保护，印刷，文化娱乐等方面做了详尽的阐述。

第三节 品牌、内容创意与商业模式

一、品牌强化的政策引导

质量是硬实力，品牌是软实力。提升品牌经济竞争力，既要善于发挥政府的引导作用，又要注重发挥市场的决定性作用。在文化品牌成长初期，政府要大力引导，通过制定实施品牌规划政策，指导和协调各方，有效开展文化品牌工作，利用“看得见的手”，为品牌发展营造良好的制度环境。深圳主要从文化产业科技政策和品牌培育资助扶持政策两方面来推进文化品牌发展。

（一）文化产业科技政策方面推进文化品牌发展

抢抓科技、产业变革趋势，深圳积累了丰富的经验，积极利用科技产业政策，助推新科技新品牌，加速深圳文化品牌整体性发展。2013年深圳市政府发布《深圳市未来产业发展政策》，对生命健康产业、海洋产业和航空航天产业进行布局。紧接着，2014年深圳市政府分别出台了《深圳市机器人、可穿戴设备和智能装备产业发展规划（2014—2020年）》及《深圳市机器人、可穿戴设备和智能装备产业发展政策》，鼓励和支持人工智能、新型装备、便携设备等科技产业的发展。政府通过产业政策指导，特别是重点支持核心技术研发和创新能力提升，大大促进了产业规模化和品牌化发展。2016年，深圳高新技术产业增加值达到6560.02亿元，占GDP比重40.3%，全市科技型企业超过3万家，国家级高新技术企业累计达8千余家。在深圳自主开展的30家电子行业上市企业调研与品牌价值测算中，这30家电子企业品牌价值总值达到2558.74亿元，其中，品牌价值达到百亿元以上的企业6家，一大批科技、文化领军品牌不断涌现。2018年深圳文化及相关产业（规模以上）增加值为1560.52亿元，增长6.3%，位居全国各大城市之首。深圳成为全国自主创新示范城市，积极鼓励发展机器人、生物、新兴能源、新材料等众多新兴产业。

（二）品牌培育资助扶持政策方面推进品牌发展

深圳现已形成推进文化品牌战略的扶持政策体系，出台了多个财政资金专项资助计划，如提升企业国际化经营能力、支持中小企业、支持产业转型升级、设立外贸发展等专项资金，基本实现对企业品牌建设和市场拓展所需条件的全覆盖。随着深圳文化品牌的规模扩大，品牌建设的重心逐步由培育转到培育与提升并重。政府进一步聚焦龙头企业，细分领域、高成长性行业，注重质量提升和国际化支持方向，以促进国际化文化品牌不断涌现。2011—2015年，深圳资助企业品牌建设的专项资金投入超过4.3亿元；2016年再次安排1.09亿元专项资金，重点培育 157个品牌，通过财政资金倾斜，扶持企业品牌不断创新，推动企业走产业化、品牌化、高端化道路；2019年，相关企业通过深圳市质量品牌双提升扶持计划，可获得最高200万元政府资助。

二、塑造文化产业区域特色创意品牌

培育、壮大具有地区性特色的品牌，是深圳特色文化产业迅速成长的中坚力量和根基，推行品牌化战略能有效地集聚文化产业发展能量，凸显特色优势。2014年原文化部和财政部联合印发《关于推动特色文化产业发展的指导意见》(以下简称《指导意见》)，对相关特色品牌扶持和发展壮大带来积极影响。《指导意见》进一步促进了我国文化产业发展转型与升级，同时解决了当前我国文化产业发展转型与升级中存在的棘手问题，诸如地区之间重复建设、人才匮乏、文化产业基础薄弱、市场化程度低等。《指导意见》提出，文化产业的发展和壮大离不开特色品牌支撑，实施“一地一品”战略，打造一批具有市场影响力和竞争力的产品品牌。因此，以特色支柱型文化品牌的培育和发展带动整个文化产业的转型、升级，其重要性不言而喻。

（一）创意特色文化品牌发展壮大的制约因素

1. 创意创新融入是关键

要想培育文化品牌，形成文化品牌，就要将创意创新融入文化产品中，打造文化产品从设计到受众的全产业链。在设计生产方面，用符合时代特色的创意设计引导生产是激活深圳文化资源的重要推手，即使面对同类型的资源也可以百花齐放，创造出适合不同受众人群的特色新产品，其核心就是创意创新的不断融入。在营销方面，紧跟时代脉搏，线上线下一体化，除去传统的广播电视宣传，积极尝试网上展厅、网上展览、电商平台等新兴营销手段，最大限度地降低成本。

2. 品牌管理需要产业联动，形成合力

深圳特色文化品牌管理需要依托大文旅，在重点产业品牌、重点政策领域、创意创新平台建设等方面强化协调联动，实现三大产业的有效融合，多维度地实现品牌的培育、扶持和壮大。文化产业涉及多行业，品牌的发展和壮大需要多行业齐心协力。根据深圳市文化产业发展总需求，强化问需服务、靠前服务、监管便利化等举措，梳理和解决企业面临的“难点”“痛点”，助力文化产业品牌培育管理的深入。同时，政府应继续加强政策支持，引导全国性的、有代表性的文化产业品牌企业落户深圳；牢固树立挖潜和开拓意识，及时将符合文化产业标准的规模文化企业品牌纳入管理，提前谋划，跟踪服务。

3. 文化产业品牌的形成在一个“特”字

要全方位审视文化资源的独特性、稀缺性和融合性，准确把握深圳文化资源价值根源，文化资源的社会价值是品牌形象定位的主要因素。应该注意的是，深圳的文化资源是否有特色，需要科学评估，找准深圳文化资源的特色之所在。

（二）特色文化品牌要赢得社会认同

对于设计制作特色文化产品的企事业单位，要获得认同，应从以下几个方面着手：

1.产品找准大众化与个性化的定位

大众化的文化产品，需要规模化设计生产，遵循规模化经济模式，还需考虑价格优势、受众体验性、参与性、营销直观性；而个性化的文化产品，需要小众化设计生产，甚至是个性化定制生产。

2.善于运用新兴的推广、营销手段

打造线上线下全方位大营销模式，在电视广播、展览等传统的品牌营销手段之外，更加重视网上展厅、价值营销、电商平台、“粉丝”经济等新兴营销方式。

3.企业对文化品牌的基本定位要准确

文化有着鲜明的区域性，不仅深深影响着文化产品的设计生产，更浸染着文化产品的消费受众。深圳文创产品的特色是什么？受影响的地域延伸有多广？是地区性的、全国性的还是世界性的？

4.当代时尚元素和传统文化价值要融入文创产品的设计中

设计中只有将传统文化进行现代阐释，把传统文化打上时尚的烙印，文化产品才会具有鲜明的时代特色，才有生命力。

（三）树立品牌主体形象、发展文化品牌的建议

首先，文化品牌的合作模式要清晰。不能实现公平的文化产业利益共享机制，将阻碍特色文化品牌培育和发展，也必将给长期合作的机制造成损害，文化品牌培育建设就会半途而废。只有建立和完善法律监管、社会道德、政策倾斜和社会制度保障等全方面体系，真正形成“同命运、利共享”的长效机制，处理协调多方联系，才能实现社会和文创企业利益均衡化、公平化和最优化，这是保障深圳文创品牌稳定、健康发展的基础。

其次，人才延续有利于品牌的发展。人才的培养不同于工业品生产，需要有延续性。因此，人才的培养更加注重人才梯队建设，面对不断显现的新问题

和严峻的新形势，人才教育培训也要逐步“升级”。特别是中华老字号、传统工艺等沉淀性文化品牌能够吸引、留住人才，不断有新鲜“血液”注入，是文化品牌培育和壮大的人才保障。

再次，要着眼大局、追求长期效益。文化产业的发展不会一蹴而就，而是长时间积累的过程。促进和发展文化产业达成社会共识，可使一个健康、可持续发展的产业发展进程踏上“新旅程”。要避免出现竭泽而渔、急功近利等短视、追求短期效益的不理智行为，否则将会损害文化品牌的形象和价值，给文创企业、文化产业甚至文化传承造成不可估量的损失，所以，一定要从大局出发，注重打牢品牌基础。

最后，深圳文化品牌发展要特色鲜明。“东施效颦”的故事告诉我们，文化产品具有地域性、独特性，不能简单复制、照搬模仿，不然就会失去当地的印记及优势，从而丧失文化品牌的特色。

三、深圳文化创意崛起及商业模式

2019年10月，深圳文化产业园区协会正式成立。得益于文化产业的雄厚实力，深圳文化产业总体发展水平处于国内第一梯队。截至2020年年底，超过60家市级文化产业园区遍布全市。“第一梯队”意义深远，产业主体规模庞大，5万家文化创意企业落户深圳，解决了超过100万人的就业问题。其中，有8000余家企业入驻文化产业园区，拥有超过20万名的专业人才，实现年产值逾1500亿元。这些数据证明深圳在文化产业发展中已经具备了一流的影响力与竞争力。深圳文化产业快速发展，促使其成为深圳国民经济发展的重要支柱产业之一，2018年实现文化产业增加值超过1900亿元，占全市GDP的比重达7.9%。

相比“规模”“速度”，深圳的文化品质和质量，更令人欣喜。《深圳文化创新发展2020（实施方案）》明确指出，深圳文化产业以创意创新为抓手，实现产业高质量发展，构建现代市场体系和文化产业体系。近几年来，文化创意、数字化、智能装备等新业态不断涌现，质量和规模都取得飞速发展，引领深圳文化产业阔步前进，进一步增强了城市文化软实力和产业发展竞争力，成为加快文化产业转型升级，促进深圳国民经济持续飞速稳定发展的主要动力。

深圳作为改革开放“领头羊”，发挥先行优势，率先探索文化产业发展领域，寻求发展新路，凸显改革先锋产业发展的优势力量和集体智慧。

（一）“文化+科技”活力四射，探索产业发展新路

2019年，深圳的华强方特公司入选“国家文化和科技融合示范基地”，增添“示范”耀眼品牌。华强方特公司连续多年成为全国文化企业30强，旗下拥有主题乐园20余座，分布在全国各地，每座乐园都是文化与科技深度融合的典范。早在2007年，华强方特公司就率先提出“文化+科技”的先进科学创新理念，积极探索文化产业与高新科技的创新融合，创造出形式多样的文化产品，发现和拓展新兴业态，提升文化影响力和附加值，推动文化产业转型和优化升级。例如，积极深挖中国传统文化的精髓，加入符合中国精神和文化新内涵的代表性素材，运用自主研发的现代前沿科技，推出一批富含中华文化底蕴和精神价值的文化科技产品——全息AR剧场版本《梁祝》、全景式动态球幕电影《牛郎织女》等大批全新表现形式的文化科技产品，一经推出就大受欢迎。

具有代表性的华侨城公司连续多年进入全国文化企业30强、腾讯公司已步入世界500强、深圳雅昌集团成为艺术科技的引领者……扎根于深圳的一大批文化科技企业正在迅速崛起；传统文化也借助创新科技完成蜕变，产出形式新颖与内容新潮的文化产品。“文化+科技”现已成为深圳文化产业高质量发展的鲜明特色与突出标志。

（二）“文化+创意”生机勃发，打造深圳“设计之都”品牌名片

2008年，深圳获得联合国教科文组织颁发的“设计之都”称号。文化创意设计已发展成为深圳文化产业的支柱性产业。文化创意设计正在成为文化产业发展的创新驱动力，引领社会经济发展，成为深圳文化产业发展的高端生产力。据不完全统计，深圳已有专业设计从业人员近20万人、规模以上企业

6000多家，设计产业年产值近230亿元，带动数千亿元工业产值，其中服装设计、工业工用设计、民用建筑设计、室内装修设计、平面设计等领域在全国处于领先地位。

到2020年为止深圳设计周已经成功举办4届，已成为拥有时代特色，具有全国引领性的深圳名片品牌，其中的环球设计大奖，竭力打造设计领域中的“金鸡百花”。2019年的设计周期间，共吸引了来自30个国家和地区的千余名优秀设计师，携近5000件各色设计作品参加，共享设计盛宴。同步进行的还有全市的30多个小型展览，进一步激发深圳的设计创意灵感和动力，巩固深圳作为“设计之都”在世界设计领域的地位。

（三）展现中华文化全球化实力，加快文化产业“走出去”

深圳鼓励和支持文化产业外商投资、贸易和合作交流，不断发展壮大文化产业，助力文化产业远航，文化产业不仅要做优做强，更要阔步“走出去”。深圳文化产业依托特区优势，推动中华文化“走出去”，打造对外文化贸易交流的“新阵地”。深圳核心文化产品出口额每年约占全国的六分之一，已经成为中国文化产业输出的“黄金口岸”。①

中国文化产业全球化“走出去”进程中，深圳企业画出了一张张亮丽的名片。其中，有荣获全球印刷界最高奖“班尼”金奖100多次的中华商务公司、深圳雅昌公司等；有华强方特公司打造的《熊出没》等影视动漫产品向100多个国家和地区出口，引领了自主品牌文化主题乐园“走出去”；有洛可可设计公司成功打入英国市场，在伦敦成立分公司；有TTF公司将高端珠宝品牌总部落户时尚之都巴黎；有博林文化创意公司成功在北美的十余座城市开展文化巡展，打造IP“Hello Kongzi”。深圳作为“设计之都”，“深圳品牌”正成为国际文化市场上的一匹黑马。

推动文化产品“走出去”，有力的政策、技术支持必不可少，深圳在推进对外文化贸易交流方面多措并举，例如，鼓励国内有能力的文化企业与外商合

---

① 杜翔翔.深圳文创产业迈步高质量发展［N］.深圳商报，2018-10-26.

作，举办文化产业领域投资贸易交流推广活动，推动新兴业态文化创意企业积极参与、参加国际展会，定期举办“文化创意企业出口十强”评选活动，支持企业及其文创产品走向国际舞台。

深圳大批龙头骨干企业和品牌企业不断发展壮大，引领作用日渐彰显，成为实施推动中华文化“走出去”的“桥头堡”和重要基地。被誉为“中国油画第一村”的大芬油画村，年产值已达40多亿元，其文化产品近半外销，不愧为中国最大的商品油画设计生产与交易基地；笋岗工艺礼品城已成为中国主要的工艺文化产品展览、贸易交流和输出的新基地；华夏动漫科技、创梦天地科技、华强方特、环球数码创意等企业凭借独特的文创产品和独有知识产权，成为“走出去”的先锋官，收获全球业界普遍赞誉。

新时代的深圳，文化产业快速增长势头不减，彰显出“千帆竞发、百舸争流”的蓬勃势头。踏上新的征途，“唯改革创新者胜”，深圳文化产业，以更加强大的竞争力、创造力和作用力，依托深厚的文创新动能，砥砺前行，洋溢着创意和激情，吸引越来越多外国投资者汇聚，实现更高质量的发展。

四、多措并举发展和壮大文创产业

（一）紧跟国际文创产业领域发展的新步伐

文创产业应掌握国际发展新动态，注意信息的收集、整理和分析研判，借鉴、消化、吸收杰出的发展经验，把握文化资本流动规律，为深圳乃至全国文化产业扩大外资利用规模，实现高质量发展提供经验。

（二）巧借外资优化深圳文创产业链

文创产业链大体包括创意设计、加工制造、批量生产、商业贸易四个环节，依据国际惯例，价值分配是45%、10%、5% 和40% ，核心是创意设计，关键是商业贸易。全球性跨国公司是文化贸易的主体，深圳文创产业要紧跟主体，在创意设计和商业贸易领域吸引跨国公司，借助其成熟的版权投资贸易、展览展示、资本融通渠道、国际营销系统，促进创意设计、资源融合的发展，合力创作新产品，促进新技术融合，实现国际市场利益共享，加快文创产业转型与升级步伐，带动深圳文创产业链进一步优化发展，提升产业产品国际综合竞争力。

（三）重视吸引和留住国际化复合型文化产业人才

经过引入文化产业创意设计和产业运营经验丰富的外商企业，吸纳和留住拥有先进运作理念、具备文化创新意识、掌握文化产品销售策略的国际化复合型专业人才，使其带动和培养一批创意设计和新型管理人才。文化产业的发展和壮大离不开商务休闲、旅游、展览、信息技术、出版发行等行业的对外合作，文化人才建设体系是文化创意新兴产业培育和发展的关键所在。应积极参与海外交流沟通，参照国际做法，构建行业内部人才培养体系。

（四）注重外资引导服务，推进投资便利化

以服务为抓手，打造一流营商环境。根据深圳市人民政府印发的《深圳文化创意产业振兴发展规划（2011—2015年）》总体要求，各政府部门之间要加强沟通协作，简化审批流程，为进入文化创意产业的外国投资者提供高效便利的服务；积极引导外商投资进入文化产业行业和准入区域；引进、吸收、培育具有国际化视野服务组织，建立完善的市场化综合服务体系；依托深圳文博会，搭建国际化的文化创意资本运作、展示展览与交流贸易平台。

第四节　深圳外商投资文化产业资本运作与创新

一、以市场为主导的文化产业资本配置

（一）国外文化产业投融资的特点

国外文化产业与我国对比，其特点鲜明。按照通常理解，市场经济体制发达的国家，采用“小政府，大市场”模式，政府角色定位是制定规则。相比英、法、美等国家实行的市场经济体制，中国特色社会主义市场经济中以公有

制为主体独具特点。市场经济体制国家的政府在文化产业中的角色定位是间接的、服务型的。通俗来讲，就是市场占据主导，市场能做，交给市场去做，市场解决不了的，政府去做。文化产业领域一般被认为是一个市场化程度相对较高的行业。对于文化产业来说，市场占主导，能够合理配置资源。资本引入也是对文化产业的一种资源重新配置，提高了利用效率，因此国际上通常采用市场主导下的文化产业资源配置。

（二）文化产业融资类别

文化产业融资渠道大致分为两类。一类是间接融资，主要是指行为人与金融机构撮合交易而成的债权债务合同关系，最典型的是银行信贷。银行信贷指信贷双方以货币为交易标的、定期收取利息的借贷，银行将储户部分存款变为借款赋予借款人使用权利，借款人按照约定支付利息的货币活动。银行作为资金的中介组织，对管理的资金具有使用权限，并给予资金所有权人一定的利息回报。所以说，从银行获得资金是间接融资。另一类是直接融资，投资人和企业形成财产资本关系，比如金融证券、债权、风投、基金投资等。实际资本运作中，我国各产业的间接融资占绝大部分，占九成以上，具体到整个文化产业的融资结构中，间接融资所占的比重同样较大。这就是我国融资的整体特征。

（三）外资直接融资趋向活跃，潜力巨大

对我国的文化产业领域而言，外资进入的主要渠道是直接融资。依据国际惯例，越是发达的资本市场间接融资比重越小，越是落后的资本市场，间接融资越是占主导，成熟的资本市场，尤其是新兴经济的资本市场，主要表现出直接融资活跃，而且所占比例不断攀升。间接融资无法满足文化产业发展对资本的需求，银行信贷作为规避风险的融资平台，渠道单一。信贷融资，对文化产业中的创新企业尤其是轻资产的中小企业而言，资本支持力度有限。我国文化产业基础仍然薄弱，对现阶段需要创业扶持的产业结构和产业状态来说，这种以间接融资作为主导的融资结构显然是不太有利的。

目前，虽然直接融资所占比例依然较小，但发展十分迅猛。金融证券市场中，相关文化企业上市的速度在不断加快，数量质量都得到极大提升。近年

来，文化企业的上市速度明显加快，有较多的文化企业在市场上比较受投资人的青睐。

二、理性看待外资进入，积极实施文化发展战略

（一）对于外资的进入，我国有非常严格的限制

任何资本都是一种工具，背后都隐含着特定的价值观，世界上不存在中立的资本价值，当需求被满足时，价值判断隐现。从我们目前面临的实际情况来看，外资进入的领域，尤其是文化产业领域，政府采取了审慎的态度，在制度安排上我国有着非常严格的限制。外国资本进入的主要领域为视频平台、网站等新兴的文化产业，在传统文化领域和设计生产方面，我国对外资进入管控严格，门槛也比较高。

（二）中国文化产业融资的基本状况

近年来，我国文化产业发展中，虽然直接融资的占比较小问题依然存在，但是快速发展使资本市场日渐活跃，而且呈现出融资形式的多样化、多元化发展趋势。同时需要注意的是，间接融资的占比仍然过大，商业银行的垄断地位尤其是国有商业银行甚为明显，这有可能严重堵塞文化产业的融资渠道，损害文化企业的发展，尤其是新兴文化产业和中小型企业的发展。

投资和融资有区别，但实际上也是一个问题的两方面。当前，我国在支持文化产业发展上，政府和民间投资力度不断加大，投资方式和模式日趋市场化。过去，国家和社会对文化事业的资金投入，渠道主要表现为人员、事业经费的拨付，但这种方式效率低下。随着我国文化体制改革的不断深入，大发展战略和文化大繁荣的明晰，资金使用效率低下的状况正在得到改善：一是财政的投入形式多样，投入的有公益性公共文化，也有纯资本性的战略投资。加大适合文化产业发展特征规律的不断探索、适应、总结，为投资方向以及公共投入的转变提供科学依据。基金式的文化产业投资进一步活跃了公共投资形式。二是包含私募等在内的市场化投资成为主流，且越来越活跃。所以从总体上来说，整个文化产业领域投资的活跃性十分强大。

三、发挥政府主导职能，以市场助力发展

（一）政府在文化产业投融资中的角色定位

当前，中国文化产业资本运作主要表现为政府主导，这有历史原因，也有现实背景因素。我国的文化产业由文化事业单位通过体制改革逐步演变而来，起步较晚，产业化、市场化在这个过程中不断得以完善。在此过程中，政府既要善于保护、挖掘、培育、扶持文化产业，又要下大力气改革文化体制弊端，破除文化产业发展机制壁垒，使其逐步符合社会主义市场经济规律。

现阶段，政府主导意义重大：第一，根据我国文化产业发展起步晚、规模小、发展底子薄的现状，催生文化产业发展的原动力，需要政府主导作为保障；第二，从国家层面来讲，政府主导有利于维护我国文化安全。事实上，文化安全问题不是我国最早提出来的，美国、法国、加拿大在世贸框架下很早就针对美国强势的文化产业有一个文化例外的提法。文化例外原则上是为了保护本国文化不受其他文化侵袭和损害而制定的一种政策，主要指单独将文化产品和服务类的贸易列出，以区别于一般产品贸易，广义上的文化产业本身带有特殊性，隐含本民族和国家的价值观和认同基础。

（二）政府如何完善文化产业领域投融资

文化体制改革背景下，文化产业企业多为事业单位演变而来，政府为了推动文化体制改革，保障文化产业的生存和发展，一般采用直接补贴的形式以资金投入对企业、项目进行扶持。初期作用明显，但这些企业终究要走向市场，必然逐渐市场化，但是它们的能力明显不足，于是就有了政府带有补贴性的投入来帮助它们适应市场经济，提升市场能力。这样一来，后续问题也较明显，一些文化企业拿了政府的钱，市场能力却没有得到相应的提升，因此出现不好的示范效应。

作为一个企业，无论处于怎样的阶段，设计生产出拳头产品，才能打开市场，因为它体现出市场的需求、机会和资源。大量资金进入文化企业，随之而

来就是管理上的跟进，对企业发展方向进行指导和规范，而政府资金往往缺乏这些。这些企业获得政府的资金比较容易，且成本也比较低，因此更愿意想办法获取政府资金，而不是想办法发展企业、研究市场，争取市场性的资本。此外，由于获得市场性资本的成本很高，还有可能稀释股份，因此部分企业不好好做自己的业务，不好好研究市场，反而更多的是想方设法获取政府的直接资金补贴，这对文化企业的发展很不利。

四、深圳外商投资文化产业资本创新要求

（一）渐趋资本运作时代，产业与资本利益共享

一方面，中国文化产业和资本市场已经进入一个新阶段，即逐渐实现双赢的新时期。在发展初期，文化产业起步晚、基础薄弱、市场化严重不足，这个阶段的文化产业急需资本的介入，但一味迎合资本口味，资本却没有表现出相应的积极性。随着我国文化体制改革不断深入，战略目标日益明确，政府支持力度不断加大，文化产业的发展日益蓬勃，加之国内文化消费市场日趋成型，如电影票房的持续增长，资本开始大范围进入文化产业领域，开启了我国资本市场、文化产业双赢的新阶段。

另一方面，中国文化产业开始走进资本运作的新时期。向资本要生产力已成为共识，更多文化企业希望通过金融证券等上市融资，透过资本获得较快增长，提升企业的竞争力、影响力，展现强大的活力。市场上涌现出一大批具有代表性的文化企业，如华谊兄弟公司和人民网公司。华谊兄弟属于文化产业的民营资本，上市后发展成为我国较大的影视公司之一，并积极布局全产业链。人民网公司与之相反，是典型的国有资本控制下的文化企业，国有色彩浓厚，其发展主要依赖国家资源输出。

中国文化产业未来发展的趋势，一是文化产业会受到更多关注，商业模式愈发成熟，投融资盲目性会逐步降低，逐步趋于理性化。二是文化产业发展趋势日趋明朗，打造文化产业链过程中，市场化资本运作将占据主导地位，简单地横向兼并已经无法满足现阶段文化产业发展需求，因而以全产业链的方式进

行资本运作水到渠成，成为文化产业发展的必然趋势。事实证明，中国文化产业道路行得通，也契合国际文化产业发展规律和特性。

（二）加大改革力度，鼓励非公资本介入

1.深圳要深化文化体制改革力度

深圳作为经济特区，一直是我国改革开放和经济社会发展的先行军，要探索和完善资本进入文化产业的相关政策，打破民营资本进入文化领域的“紧箍咒”，引导和规范社会资本融合和运作行为。

2.在文化体制改革的过程中，要做好公共文化的保护工作

要发挥国家力量在公共文化领域的主导作用，防止公共文化过度市场化和商业化，守护一片“净土”。同时，在经营领域进行市场化改革，让市场成为主导，进一步建立和完善文化产业的市场机制，鼓励社会资本进入市场化运作领域。

众所周知，商业化和市场化的文化产品更容易符合主流价值，商业化过程是要追求回报的过程，这就要求产品符合市场预期。也就是说，文化产品只有符合主流文化价值观，才能开拓市场，占领市场。深圳要转变观念，提高思想认识。文化产业的市场化和商业化，既是国家的利益要求，也是国际规律的要求，更是保证我们的文化安全的必然要求。所以深圳要解放思想，加快文化产业领域的改革力度，放宽社会资本进入的门槛。

4

深圳外商投资文化产业的法律制度

>>>

进一步扩大开放和打造开放型经济发展体制的主要途径之一，就是引进和利用外资。外资在促进我国经济产业发展过程中发挥着独特而重要的作用，尤其是在推动我国经济融入全球、与国际规则接轨方面。目前，“一带一路”沿线的文化产业及产品经贸活动日益活跃，给深圳文化产业也带来越来越多的机会，必将助力深圳文化产业“走出去”。世界资本和产业转移呈现新动向，经济全球化趋势不可逆转。中国经济与世界经济深度融合，经济发展进入新常态，深圳文化产业资本市场面临新形势、新任务。在这样的时代背景下，外商投资对于深圳文化产业可持续投融资尤为重要。笔者认为，对我国向来严格控制的广播电视等领域，也不是一定要禁止外资进入。从准入的领域来看，我国可以探索允许民营商业性质的商业频道、新闻出版业务，在不涉及时政新闻的领域，允许外资进入。我国的法律制度与实践反映了当前文化产业领域外国直接投资存在准入限制条件的问题，因此，我国在立法中首先应把文化产业利益摆在突出位置；其次建立健全措施和完善负面清单机制，在国际法层面设置既有措施、可变措施、负面清单，采用国际分类标准，注重与国际衔接，提升透明度。

第一节 外商准入的国家法律制度

一、《中华人民共和国文化产业促进法（草案送审稿）》

（一）背景意义

当前，我国在促进文化产业发展方面，还没有形成统一的国家标准，相关的政策法规分布于各文件。为了促进文化产业实现跨越式和高质量发展，解决企业发展面临的突出问题，在产业指导上形成合力，整合现有的各地政策，2019年12月，中国首部文化方面的法律草案《中华人民共和国文化产业促进法（草案送审稿）》（以下简称“草案送审稿”）发布，这在一定程度上会弥补国家现有文化法律体系“短板”。在内容设计上，起草小组牢牢把握促进文化产业健康发展的关键环节和核心要素，紧紧围绕“促进内容”“促进举措”两个核心问题，着重研判创作生产、文化企业、文化市场三个关键方面，争取在文化科技、人才培养、金融财税扶持等方面实现新突破。

在可操作性上，“草案送审稿”创作生产部分被放在突出位置，调整完善创作便利、鼓励创作、促进文旅融合、质量管理等制度性设计。与此同时，划定保障国家意识形态和文化安全作为“红线”，加强对文化产业发展方向的引导，并在文化技术、文化内容、文化投资等方面做出了制度性安排。《中华人民共和国文化产业促进法》即将正式出台。

（二）“草案送审稿”内容解读

“草案送审稿”框架共分为9章、75条，包括总则、创作生产、文化企业、文化市场、人才保障、科技支撑、金融财税扶持、法律责任、附则。

总则方面，核心内容与文化相关联。创意创新是产业发展的第一推动力，国家将在文化产业科技进步、内容设计生产、业态培育等方面给予支持，积极营造人才培养和精品文化产品产出的社会环境。“草案送审稿”要求文化产业主体应当合法开展经营活动；责任主体是“任何组织和个人”；对文化产品和服务内容要求以宪法和法律法规为准绳；在国家安全、打击和防范恐怖主义、宗教信仰、民族团结、社会公共秩序、保障公民权利等方面设立了最低“红线”。

创作生产方面，对优秀文化产品和作品的标准做了进一步阐明，要符合当代传播社会正能量、弘扬爱国精神、科学普及、传承中华优秀传统文化和海外交流等方面的要求。推动从业者运用现代创意创新方式，创造优秀作品和网络文化精品，吸收和培养优秀传统文化以及网络文化产业链急需人才。国家鼓励和支持大文旅，通过文化产业与旅游业的深度结合，把丰富的旅游资源提炼成优秀的文化作品和产品，推动旅游行业的文化发展。

文化企业方面，政府支持和引导社会力量加入建设中国特色社会主义公共文化服务体系行动中，地方政府将制定符合本区域实际的政府购买公共文化服务的目录。同时，对于文化产业的“园区化”发展也提出了明确要求，即“规范引导文化产业园区建设，促进文化企业集聚发展”；有效保障文化产业企业土地供应，满足文化产业用地需求。

文化市场方面，重点从市场秩序、诚信经营、诚信体系出发，建立健全市场运行机制。保障市场主体参与公平竞争，加强对垄断和不正当竞争的监管，纠正扰乱市场秩序行为。诚信铸就品牌，诚信经营是每个公民、法人和非法人组织应尽的责任和义务，文化产业也不例外。在“草案送审稿”中具体体现为：构建文化领域独有的市场诚信体系，文化产业失信主体将被纳入失信惩戒范围。

人才保障方面，建立健全科学的文化产业人才分类评价体系，国家鼓励社会力量和有条件的高等、技工、中职学校，参与文化产业人才培养，培育符合新时期、新常态下，文化产业发展急需的人才。人才紧缺是制约中国文化产业可持续发展的重要因素，新时期文化产业发展需求高与人才储备低的矛盾突出。“草案送审稿”将从现实条件出发，认真梳理并着重解决文化产业领域人才缺口大、水平低的突出问题。

科技支撑方面，国家充分认识到高新技术在文化产业发展中的重要作用，培育和扶持新型文化业态和新兴文化产业，实现文化产业与相关新兴行业深度融合。国家鼓励和支持大数据、云计算、物联网、人工智能等新技术开发运用，加快文化产业中互联网文化、数字创意和出版、数字娱乐、网络视听等新兴文化产业融合发展。

金融财税扶持方面，国家除了鼓励文化产业企业间接融资，还对直接投融资给予了明确规定，对文化产业资本运作引导作用明显，“鼓励符合条件的各类文化企业利用多层次资本市场直接融资”；财政扶持也被摆上日程，“统筹安排财政资金对文化产业的支持”。

法律责任方面，“草案送审稿”详尽列举了对在文化产业过程中产生的法律行为以及由此承担的法律后果。具体来说，产生行政主体行政、刑事责任的法律行为由五项构成；产生市场主体民事、刑事责任的法律行为由九项构成。

（三）“草案送审稿”特色分析

1.十年接力，十年磨一剑

从立法设想的开始，到“草案送审稿”的正式发布，经历了近十年的长跑。路途艰辛，前程漫漫，文化产业终于迎来了新篇章。那么，我们不禁要问，立法的初衷是什么？当前文化产业作为新兴产业，在产生、发展壮大的过程中，面临诸多棘手的问题和困难，例如文化安全、资金投入、技术发展、人才培养等，迫切需要国家层面支持，“草案送审稿”从法律层面对支持、扶持政策予以明确。那么“草案送审稿”的特别之处在哪里？

它的名字特别。此次拟制定出台的是文化产业“促进法”，立法目的清晰，重点突出“促进”二字。中国文化产业起步晚，基础薄弱，尤其是新兴的文化产业，现有文化产品和服务的发展不平衡，高质量产品和服务缺口较大，远远不能满足人们对美好生活的多元化、多样化、丰富性的精神文化需求。如何理解“促进”二字呢？“草案送审稿”详尽介绍了“促进什么”“怎么促进”，即明确了创作文化产品和作品的含义以及文化传播的用意、宗旨，运用文化创意创新方式，促进文化产业实现持续稳定发展，以满足新时期人们向往美好生活的精神文化需求。细读总则不难发现，文化内容和文化创新既是立法目的，也是文化产业发展的方针，进一步校正了过去对“目的”“措施”等认知上的偏颇。

2.完善文化立法，促进文化产业跨越式发展

国家层面法律体系中，文化立法薄弱，存在“短板”现象突出。“草案送审稿”将改变文化立法的尴尬局面，成为文化领域主要的基础性法律规范，将文化产业发展纳入法治化轨道，能够为文化产业成长发展创造良好的法治、政策和社会环境，对新时代文化产业发展意义重大。我国文化产业处于发展的初

级阶段，规模小，散、乱现象突出，市场化程度低，产业发展亟待突破瓶颈。“草案送审稿”重视充分发挥政府的主导作用，通过政策引导，吸引各方力量，培育和发展文化产业和要素市场，调动和规范文化产业发展的各要素，以此发挥市场在文化资源配置中的主力军作用，进一步巩固文化市场监管，切实维护好文化市场秩序，释放出市场在产业资源配置上的主导作用。与此同时，政府应加强法律监管，运用新技术、新手段，提供强有力的政府行政服务，切实保障文化安全，牢固树立“红线”意识。这必将推动文化产业向国民支柱型产业发展。

3.“草案送审稿”展现七大鲜明特色

一是“草案送审稿”界定了文化产业概念。“总则”里明确了文化产业的概念定义和调整范围，至此，我国文化产业界定有了统一标准，彻底改变了过去乱象丛生的局面。

二是首次提出将促进文化产业发展纳入国民经济和社会发展规划。今后，在产业布局、法律监管、专项举措、产业的转型升级等方面都将有法可依。

三是明确政府的角色定位和责任。第六条“部门职责”中，明确了国家层面和地方各级层面负责文化产业促进的6大部门及职责，为建立健全上下级联动、各部门互相配合的文化市场监管机制，保障社会主义先进文化发展打牢了基础。

四是注重文化产业创新发展。从文化创作、生产、技术支撑、新业态等方面提出了多项激励促进措施，鼓励企业以创新驱动发展，构建现代产业体系，全面塑造文化产业发展新优势。

五是高度重视融合发展。积极引导文化产业与科技等国民经济相关产业融合发展，并提出多项切实可行的促进措施。“文化+”正在成为文化产业融合新趋势，“文化+金融”“文化+科技”“文化+制造”“文化+旅游”“文化+电商”产业行业要素整合不断涌现，通过集聚创新形成融合发展模式。例如第八条“融合发展”、第二十四条“促进文旅融合”、第五十一条“文化科技融合”、第五十九条“金融服务体系”等，都对文化产业的融合发展进行了规定。

六是着重强调精品战略和艺术评价体系。打造文化精品，政策先行。“草案送审稿”在产业规划、重大项目、传播、产品创作、产业评价标准等方面提出明确要求。国家将进一步明确实施文化精品战略的目标和措施，开展创作领域规划，推行重大项目创作方式，明晰文化精品传播渠道，鼓励创作生产符合当代社会价值、艺术思想丰富、技艺精湛的优秀佳作。国家建立科学合理的文化艺术作品评价体系、文化艺术评奖机制，鼓励开展文化艺术评论。

七是完善和改进文化产业金融体系。我国文化产业规模小，原创产品开发难度大，净资产和可抵押物少，资金回报期长，运营后现金流不稳定，融资风险高。从银行信贷获得间接融资难，资金出现困难成为常态。在文化金融融合创新发展中，需要有市场与产业发展的生态，需要有创新的基础，需要有金融的手段与抓手；依据文化产业的特征不断给予文化产业资源优化，创造性地开创金融文化新模式，金融必将成为文化产业发展的助推器。因此，“草案送审稿”第五十九条到第六十七条对“金融财税扶持”做了详细的规定。

“草案送审稿”定位于“促进”文化产业发展，以打造文化产业发展良好的法治环境为立足点和出发点，建立健全促进文化产业发展和经济社会效益有机统一的法律规范，划清文化产业的设计创作、生产经营边界，使相关制度规范及措施体系化、明确化，为文化产业的高质量发展提供根本的法律遵循和保障。十年一剑，期待《中华人民共和国文化产业促进法》的实施，笔者相信，深圳文化产业的发展将会越来越好。

二、《中华人民共和国著作权法》修正解析

（一）修正背景

新时代背景下，经济迈入新常态，新兴事物不断涌现。当法律不能适应社会新的法律关系，表现出明显滞后性时，就需要及时修正法律。《中华人民共和国著作权法》第二次修正发生于2010年，距今已超过十年。十余年间，文化作品传播和文化产业发生了翻天覆地的变化。在产业需求和司法实践要求下，2020年11月《中华人民共和国著作权法》迎来第三次修正。

（二）第三次修正的八大特色

聚焦司法实践本质，笔者发现第三次修正有以下几点特色。

1.新增惩罚性的赔偿制度，违法成本显著提高

视情节在确定数额基础上给予一倍以上五倍以下赔偿，针对赔偿数额无法确定的情况，修正案也规定了赔偿的上限和下限，分别为500万元、500元。这表明，我国知识产权领域惩罚性赔偿制度基本建成。这一制度与《中华人民共和国民法典》第一千一百八十五条、《中华人民共和国反不正当竞争法》第十七条、《中华人民共和国商标法》第六十三条、《中华人民共和国专利法》第七十一条遥相呼应。司法实践中，著作权在知识产权案件中占比较大，适用惩罚性赔偿在相关知识产权纠纷案件中并不多见。根据现行著作权相关法律体系要求，著作权侵权民事赔偿仍要遵循“以补偿救济为原则，以惩罚性赔偿为补充”，避免惩罚性赔偿在司法实践中运用不当，产生干扰正常市场经济活动的行为。依据当事人实际主张，论证惩罚性赔偿的适用。①

此次修正，将法定赔偿额上限提高至500万元，为保护著作权、打击侵权提供了新动力。但也应该看到，法定赔偿额上限的提升，使之与惩罚性赔偿的法律适用上产生了微妙关系。

此外，引人注目的法定赔偿额下限为500元的规定，彰显国家对著作权侵权行为的惩治力度和决心，将有效改变当前图片、视频、字体等侵权纠纷频发，赔偿救济金额少甚至是无赔偿的现象，有助于推动形成注重创新成果、尊重著作权的良好社会氛围。

2.“类电作品”统称视听作品

在本次修正案中，将电影作品、电视剧作品以及类似摄制电影的方法创作的作品等，统一改称视听作品。近年来，新形式作品发展迅猛，怎样去归类和定性网游画面、网游竞赛直播、城市或舞台灯光秀、城市音乐喷泉、烟花表演等？这些新情况和新问题的出现，反映出产业和业态迅速发展对著作权立法带

① 李姝.《民法典》对侵害知识产权的行为设立惩罚性赔偿制度［N］.潇湘晨报，2020-06-18.

来新的挑战，催生了关于视听作品的立法。

但应该注意到，本次修正没有对视听作品的构成要件和定义做出规定。将来需要在司法实践中的具体案例裁判中归纳出可适用的重点，这需要逐步达成共识。同时，要避免视听作品作为单独客体类型后的泛化适用，应当在客体符合作品要件的前提下，进一步判断是否符合视听作品的构成要件。

3.“广播权”定义扩张，网络作品实时转播权得以“正名”

按照以往规定，只有将网络实时转播节目认定为著作权作品，著作权人才能享有作品的权利保障，“广播权”并未发挥有效作用。新的修正案中，统一称为“以有线或者无线方式公开传播或者转播作品”，不再出现有线、无线的单独区分，这是为了适应互联网技术发展的新需求。

现阶段，网络直播著作权侵权问题突出，关于信息网络传播权和广播权的修改，正好契合了实践需求，按照权利人享有的广播权，网络主播“任性”录播、翻唱权利人作品，将受到法律追究。今后，法院在处理著作权纠纷中的网络直播、挂播等网络社交侵权行为时，将不再沿用兜底条款的形式，信息传播权和广播权将有效衔接，法律适用更加明晰，提升了著作权作品社会价值实现的力度。

4.重新界定作品，调整作品客体类型

本次修正，涉及作品界定和作品类型。作品，是指文学、艺术和科学领域内具有独创性并能以一定形式表现的智力成果。首次提出作品的智力成果形式，明确将符合一定作品特性的智力成果同样纳入作品范畴。

重新界定作品，是修正中最为基本的问题，即实现了源头把控。概括作品的定义，放开客体类型，判断作品的要件仍然是作品的实质，重点强调了领域划分、创新创造、智力成果，并且新增了作品登记制度，这将方便著作权归属查询。

5.合作作品的权属共享机制

修正中关于合作作品的规定吸收和借鉴了《中华人民共和国著作权法实施条例》的规定，同时，也采纳了公报案例（《中华人民共和国最高人民法院公报》2012年第9期）的裁判要点。修正后的内容有利于维护合作参与方权益，保障合作作品的正常流通传播；针对无法协商一致的情况，任何一方不得妨碍他方其他权利的正常行使。当然，所得收益归所有的合作作者共享。但应该注意的是，转让、许可他人专有使用、出质权利并不在此列。

6.明确职务表演权益归属

职务表演是指演员为完成本单位任务进行的表演。原著作权法只规定了享有表明身份、保护表演形象不受歪曲的权利，在此之外的其他权利，没有做出明确的界定。本次修正后权益归属明晰，其他权利归属由当事人约定。并非所有职务表演权利当然归演出单位所有，而是那些无协商约定的或者约定不明确的权利，才会由演出单位享有。

实际表演工作中，演员和演出单位相比，处于弱势一方，从立法角度出发，强调对演员著作人身权的保障，有利于平衡演员与单位的权益纷争。

7.明确非营利法人，规范组织管理

新增著作权集体管理组织为非营利法人的内容，对新时期著作权的依法管理提出了更高要求，著作权集体管理组织是依法经营，而且不得以营利为目的。许可使用费标准需双方协商一致，协商达不成一致的应当采用申请裁决或诉讼的法律救济渠道。这将有助于加快完善著作权集体管理组织体系，弥补著作权转让、许可交易领域的短板，满足公众对著作权权益信息的查询需求，使著作权信息透明化、公开化，有利于接受公众、媒体监督。

8.凸显对特殊群体的关爱

修正后新增“以阅读障碍者能够感知的方式向其提供已经发表的作品”内容，凸显对特殊人群的关爱，更体现出新修正著作权法人文关切和人民情怀，这符合新时代中国特色社会主义精神文明建设的要求。当前，国家进入新时期，新技术、新业态不断涌现，纯粹文字著作作品已经远远不能满足特殊群体的学习进步需求以及他们对精神文化世界的追求。同时，修正前著作权法对盲人群体界定过于狭窄，在实际生活中大量存在不同类型的视力障碍患者。修正案的最大进步是将盲人这一概念扩展为阅读障碍者，而且不再对作品类型予以限制，让阅读障碍者能以感知的方式使用作品，为保障这部分特殊群体享有更多的机会接触丰富多彩的文化作品提供了法理依据。

第二节　深圳外商投资文化产业地方性法规

一、《深圳市文化产业促进条例》

（一）《深圳市文化产业促进条例》最新修正

根据实际需要，本条例于2019年4月24日深圳市第六届人民代表大会常务委员会第三十三次会议通过，并经2019年7月25日广东省第十三届人民代表大会常务委员会第十三次会议批准的《深圳市人民代表大会常务委员会关于修改〈深圳市制定法规条例〉等十三项法规的决定》予以修正。

（二）《深圳市文化产业促进条例》立法目的及内容

本条例立法目的是深入实施文化立市战略，健全完善文化产业发展的促进和保障机制，加快文化产业发展步伐，增强文化软实力。其内容共分为6章28条，包括总则、创业发展扶持、出口扶持、资金支持、人才培养与引进、附则。它着力加强对深圳文化产业发展方向的引导与扶持，把保障国家意识形态和文化安全作为贯穿该条例的“红线”，并在资金、人才培养与引进等方面作出了制度性安排。

（三）打造国家级创意产业园区和支持文化企业上市

通读条例不难发现，深圳将依托文化产业园区和基地建设，打造一批能够促进文化产业集聚发展，具有影响力和竞争力的产业平台，形成以文化企业为主体、市场化运作的产业发展机制，并引导和鼓励产业企业主体入驻文化产业园、基地，发挥产业汇集新优势，打造产业培育和成长的新高地。

深圳发展国家级创意产业园区基础良好，优势明显，潜力巨大。深圳拥有大批全国知名高校、科研院所、企业，现有文化创意产业园汇聚了大量专业优秀人才；深圳创业环境宽松，政策支持力度大，具备良好的经商营商氛围；深圳区位条件好，背靠内陆，处于发达的珠三角中心位置，市场化程度高，社会资本充裕，市场优势突出；深圳文化创意产业发展位居全国前列，产业化程度高；深圳处在国家改革开放的前沿，具有“走出去”的优势。

深圳将创新文化产业投融资体制，推动文化产业与资本市场深度融合，把“文化+金融”打造成深圳文化产业融合发展的典范。支持有能力的文化企业创新利用资本运作方式，推动文化产业资源金融证券化发展，鼓励文化市场主体借助于金融资本市场优质和强大资源，开展具有战略性、先导性的文化产业项目。同时，深圳将激发文化企业与国际著名机构合作的积极性，合理利用外部资金、产业技术和营销网络，加快“走出去”的步伐。

二、深圳市《关于加快文化产业创新发展的实施意见》

（一）目的和意义

为进一步贯彻落实国家相关特色先行示范区和文化经济产业政策，加快推进深圳文化产业创新发展模式，打造我国文化产业高质量发展新高度，实现文化相关产业跨越式发展，提升深圳文化软实力，打造深圳现代文化产业体系。

（二）紧抓产业重点领域突破口

1.创意设计

培育和扶持一批具有世界影响力和竞争力的中国文化品牌，规划建设深圳创意设计馆和创新创意设计学院，依托现有文化产业园区和基地，建设一批国际文化创意孵化中心。

2.影视和动漫

扶持原创精品影视剧，提升研发、创作和制作水平，加强影视动漫衍生产品开发和版权交易服务。

3.演艺和音乐

大力扶持传统戏曲艺术，支持原创音乐和音乐剧、歌舞剧、话剧创作。优化文艺院团资源配置，提升文艺院团艺术创作生产水平和市场开拓能力。

4.新媒体及网络文化

重点发展以“三网融合”、5G、4K/8K技术为基础的数字化传媒产业。

5.文化软件及游戏

支持有能力的企业参加文化产业应用软件标准制定和推广，开发一批网络游戏、数字影视动漫、人工智能、数字内容创意设计等新业态领域以及具有自主知识产权的应用软件。

6.数字出版

加快形成数字出版产业精品化模式，切实发挥精品引领作用，促进数字出版业融合向纵深发展，积极推动传统出版产业的数字化转型升级，支持文化产业企业通过新技术、数字化转化和出版开发经典艺术品、历史文物、文化典籍、非物质文化遗产等文化产业资源。

7.文化旅游

以大文旅为推手，促进文化产业与旅游业向纵深融合，加快深圳歌剧院等“新十大文化设施”规划建设步伐，改造提升“十大特色文化街区”。

8.高端工艺美术

提升设计理念和文化内涵，推动工艺美术行业实现由高耗、高产、低附加值的传统制造业向环保、时尚、具有核心竞争力的“智造业”转型。

9.高端印制

印制行业新业态不断成熟，行业生产逐渐转型升级，数字化、智能化和绿色印刷成为深圳印刷行业主流。加速推进印制产业由传统的加工服务型向现代服务型转型升级，进一步巩固我国高端精品印刷复制中心地位。

10.高端文化装备

支持智能视听、柔性显示、可穿戴设备以及3D打印、无人机等装备及软件的研制和应用。推进数字电视终端制造业和数字家庭产业、内容服务业深度融合，推动舞台演艺设备、数字化影院视听系统的集成设计和应用推广。

三、《深圳市文化广电旅游体育局文化产业发展专项资金扶持计划操作规程》

（一）出台背景

为了保障文化产业发展专项资金扶持计划的顺利实施，提升专项资金使用效率和透明度，强化资源配置能力，确保好钢用在“刀刃”上，深圳市文化广电旅游体育局制定了《深圳市文化广电旅游体育局文化产业发展专项资金扶持计划操作规程》（以下简称《操作规程》）。《操作规程》将文化产业专项资金细化、具体化。《操作规程》的出台，将规范专项资金使用，聚焦文化产业发展的重点、难点，解决文化产业发展突出问题，有利于内容原创的扶持、市场拓展的支持，有助于促进自主创新发展，优化发展环境，完善服务平台建设，推动文化产业集聚发展，加大金融支持力度，为文化产业规范创新发展带来新契机。

（二）《操作规程》主要内容解读

《操作规程》共分为7章44条。其中，第一章总则主要阐明制定目的、法律依据、资助适用对象范围；第二章主要明确申报主体应当具备的基本条件；第三章扶持方向和标准主要规定了对原创研究、开发、产业化，鼓励科技创新和新业态融合，支持文化创意产品，开展“深圳文化企业100强”认定，奖励国家级、省级文化产业（示范）园区和基地，明确中小微文化企业等项目类别的资助条件、范围、标准和评审方式；第四章项目申报和审核主要明晰了申报程序、所需材料和受理流程、评审过程及名单公告；第五章项目管理和绩效评价主要是对获得项目资助的企业进行监管和评价的措施；第六章监督管理主要规定对项目申报单位、第三方机构和专家的监管；第七章附则主要规定效力和起止时间。

（三）《操作规程》扶持类别多元化和资助对象资格化解读

首先，《操作规程》制定统一的操作规程，一改过去各类资助界定标准模糊的弊端，提高了资金使用效率，方便社会各界对文化产业资金的监督。本规程包括对文化产业企业和文化产业园区、基地20余个扶持计划，基本实现了文化产业全产业链覆盖，资助形式更加多元，资助手段更加多样。其次，对资助对象资格化意识明显：一是进一步规范了申报人区域性、资格性要求，即应在深圳市行政区域内，而且具有独立法人资格的单位。二是确定了企业主营业务经营范围，主要依据国家统计局印发的《文化及相关产业分类（2018）》。三是规定了不予资助的情形，凡是出现重大违法违规行为的，已经列为失信联合惩戒对象的，存在逾期未办结项目的，将不予以申报。四是资助对象应有实施项目所需的软硬件设施，尤其是所需的流动资金、人员配备、固定场地、生产设备、管理体系。五是对项目经营指标真实有效性提出要求，企业的年产值、净利润、纳税金额、负债率等经营指标，应当客观真实，不存在虚假信息。六是将资助对象纳入政府部门的日常监管，受资助企业等市场主体，应当按照要求向相关主管政府部门报送信息。尤其注意的是，针对申报项目中出现内容重复的特殊情况，《操作规程》也提出了明确要求——不能“同一项目多头申报”。

第三节　深圳外商投资文化产业法律体系的构建与完善

一、深圳文化产业法律体系的概述

（一）指导思想

以习近平总书记新时代中国特色社会主义思想和党的十九大精神为指导，全面贯彻落实新时代深圳经济和社会发展总体要求，把握数字产业化和产业智能化发展新趋势，大力实施文化立市、强市、精品战略；以文博会和创意产业园区为载体，加快粤港澳大湾区和中国特色社会主义先行示范区“双区驱动”建设步伐；坚定文化自信，支持高质量发展新型文化企业、文化业态、文化消费模式，打造国民经济新兴支柱产业，巩固和提升全球区域文化中心城市地位；提升文化产业国际影响力和竞争力，健全现代文化产业体系，为深圳建设中国特色社会主义先行示范区、社会主义现代化国际性中心城市提供坚实的文化支撑。

（二）发展目标

构建以支撑高质量发展为特色的现代化文化产业法律体系，力争把深圳打造成为全球区域文化中心城市和世界文化创新创意先锋城市，保持创新创意引领文化进步、文化科技融合发展、文化形象多元包容、文化产业蓬勃发展的良好势头。到2025年，文化旅游、新媒体、创新创意设计、文化数字化等新型业态占比超过60%，进一步巩固提升文化产业的国民经济支柱产业地位。

二、打造现代化文化产业法律体系

（一）建设粤港澳大湾区文化产业法律合作平台

粤港澳大湾区是世界较大的湾区经济体之一，也是世界较大的湾区文化圈之一。近年来，大湾区文化交流合作日趋成型，前海深港设计创意产业园拔地而起，文博会澳门精品展、深港城市等大型文创展览和交流活动日渐活跃，文化产业优势明显；深圳文化旅游、数字文化产业、创新创意设计活力十足；港澳地区拥有国际性会展资源、高端的创意人才资源和发达的国际金融资本市场资源。加快推动大湾区区域文化产业资源优势整合，推出关于创新创意设计、文化产品贸易、文化交流专业人员便利化跨境通关等方面的举措，以法规引导区域产业融合，逐步展现大湾区文化产业优势互补的强大竞争力。

（二）建设文化产业法律服务平台

提升文博会市场化、精品化、数字化和国际化水平，努力打造全球文化会展核心平台之一；支持依托文化产权交易所优势资源，创立产业金融发展服务中心，打造全国性文化产权交易和产业投融资综合保障服务平台；加快前海合作试验区建设步伐，推动文化产业基金管理、文化产权交易、商业银行等机构加强合作，建立文化金融联盟；完善和强化国家对外文化贸易基地（深圳）信息服务平台建设，深挖服务潜力，进一步发挥平台在产业研究、对外交流、技术支撑上的领先优势。

（三）打造文化知识产权法治平台

文化产业的发展离不开知识产权的保障，这是建设现代化文化产业体系的重要方面之一。建设一批文化产业知识产权法治平台，有利于实现文化产业的公平化，促进文化产业发展市场化、国际化。按照实际工作需要，深圳应当借助国家海外知识产权纠纷应对指导中心深圳分中心等平台优势资源，加快前海版权示范园区建设步伐，提升深圳知识产权服务水平和功能，为文化企业提供专业服务，鼓励文化企业创意版权“走出去”，打造文化领域知识产权版权保护、交易、登记法治平台，引导文化企业在版权方面的投融资、合作、转让、营销、物流法治化。

三、完善深圳的文化产业法律体系

（一）加快文化立法，修订完善一批法律

加紧启动新一轮文化产业领域相关法律的修订和梳理，完善《中华人民共和国公共文化服务保障法》《中华人民共和国电影产业促进法》《出版管理条例》《中华人民共和国文化产业促进法（草案送审稿）》等文化产业立法修改工作。

（二）文化产业立法建设法治化

我国存在文化立法建设力度不足的现象，公共文化立法建设历史欠账问题较为突出，农村文化立法建设明显滞后，这些问题的存在严重影响了文化产业发展壮大。2000年，中央文件中首次提出文化产业概念，并强调要完善文化产业政策。这也促使支持深圳文化产业发展的文件百花齐放，深圳出台和修改完善了一批文化产业相关法律制度和规范，建立起较为完备的文化产业法律服务保障体系。

（三）文化立法应与宪法和党的规章保持一致

一方面，文化立法应和宪法保持一致。宪法是国家的根本法，是其他法律的立法依据，文化立法建设是在宪法“顶层设计”下的立法。立法过程中，全面贯彻执行宪法的相关规定是我国社会主义法治建设的必然要求，文化立法必须坚持依宪治国、依宪执政的原则。

另一方面，文化立法应和党的规章保持一致。我国文化系统是党领导下的重要宣传阵地，实行党委负责的管理体制，强化文化立法需要与党的规章保持一致。因此，将宪法和党的规章要求贯穿于文化立法的全过程，显得尤为重要。

5

深圳外商投资文化产业常用法律解读

>>>

国家高度重视外资在国民经济发展中的重要作用，为进一步引进和吸收外国资本，规范外商投资管理，提高资金使用效率，国家出台市场准入、外商投资及自贸区外资管理等多项政策措施，不断完善产业准入“负面清单”制度，旨在进一步降低外资准入门槛，扩大文化产业对外开放程度，提高文化产业对外开放水平，调动外商投资积极性。

开创文化产业领域对外开放新格局。电影、电视、出版、广播、互联网作为深圳文化领域的重要产业，越来越受到外国投资者的青睐。因为文化产业本身的范畴往往涉及多个行业以及细分领域，每一个细分行业领域的外资准入门槛高低不同。为全面、准确把握我国外商投资电影、电视、出版、广播、互联网等文化产业的外资准入政策措施，本章将从文化产业囊括的细分领域着手，对我国现行有效的有关文化行业的法律法规进行梳理和解读。

第一节 《中华人民共和国外商投资法》解析

一、《中华人民共和国外商投资法》概述

（一）出台背景

该法已于2019年3月15日通过，自2020年1月1日起实施。过去，我国对外商投资管理的规定分布于《中华人民共和国中外合资经营企业法》《中华人民共和国中外合作经营企业法》《中华人民共和国外资企业法》等法律之中，外资管理形不成合力，难以发挥法律制度应有的作用。《中华人民共

和国外商投资法》(以下简称《外商投资法》)颁布后将改变外资管理条文过于分散的现状，成为外商在我国投资适用的统一法律，“外资三法”正式退出历史舞台。

(二)《外商投资法》主要内容

本法共分为6章42条。作为新时代我国指导和规范外商投资行为的基础性法律,《外商投资法》是外商投资范畴内具有指导性、统领性的法律，是完善和改进外资准入、产业促进、保障、监管的基本法律制度和行为准则。下面对《外商投资法》的主要内容予以概括。

1.从内外有别到一致

长期以来，我国实行内资和外资有别的“双轨制”法律制度，存在超国民待遇现象，尤其是一些地方政府为了吸引和利用外资，制定了诸多包括信贷、土地、劳动工资、税收等各方面的优惠政策，如已废止的《中华人民共和国外商投资企业和外国企业所得税法》规定的“两免三减半”的税收政策。这在过去，确实取得了比较好的经济效果。另外，部分产业尤其是文化产业在市场准入、金融证券化、政府采购、股权结构等方面被给予不尽合理的限制。这些问题的存在，严重影响外商投资我国文化产业的积极性。随着《外商投资法》的颁布实施，给予内外资相同地位，这些问题将迎刃而解。《外商投资法》第九条和第十六条明确指出，外资企业平等享有国家政策支持和公平参与政府采购。这说明外资将作为我国平等的市场主体享受政策便利、参与各级政府采购、标准制定、投融资优惠措施。《外商投资法》的颁布实施，为新时代文化领域对外开放、有效吸引和利用外资提供强大的制度保障，将显著增强中国文化市场对外资的吸引力，保障文化外资企业享有平等待遇，促使外资企业扎根和深耕中国市场，带动本地产业经济的快速发展。

2.强化征收保护和经常项目流通自由

政府征收风险是跨国投资的重大风险之一，特别是我国作为以公有制为主体的社会主义市场经济国家，如何让外商放心在深圳进行文化产业投资，是我们必须面对和解决的问题。投资保护中，关于外资征收问题，《外商投资法》第二十条明确规定，对外商投资不实行征收。这给外商投资企业吃下了“定心丸”，不过应该注意的是，特殊情况下的征收、征用，也设置了补偿机制。另外，外国投资者十分关心对于企业经营的出资、利润、资本收益等资金能否实现自由汇出，对于这一问题，《外商投资法》第二十一条规定，外商资本可以依法以人民币或者外汇形式，自由汇入或者汇出。这从制度上保障了外商投资资金的自由流通渠道。

3.保护知识产权，禁止强制技术转让

我国历来重视知识产权的保护。近年来，国际上一小撮心怀鬼胎之人，污蔑和抹黑中国，指责中国强制技术转让。实际上，我国没有任何一部法律涉及强制技术转让。对此问题，《外商投资法》第二十二条也给予了明确规定，国家给予外国投资者和外商投资企业知识产权保护，进一步重申技术合作、转让是市场主体行为，涉及的利益分配，应该由投资各方依据法律程序，通过协商确定，其他人无权干涉。例如，当中方企业购买先进设备后，由于无法掌握使用技术，只能以高于市场的价格购买技术服务和所需零部件，这时，企业以购买设备为前提，要求转让部分技术，完全是企业之间的市场行为，对各方企业的议价谈判权利，应该予以保护。

4.权益保障和投诉机制

在工作实践中，有些地方政府为了招商引资，承诺的优惠政策措施超出法定权限。同时，我们还看到当领导更换或违规招商被叫停时，失信现象频发，严重侵害了企业权益。针对这些问题，《外商投资法》一方面以法律形式对招商引资政策措施形成约束制度，坚决避免外商投资企业经营过程中政策性风险的扩大；另一方面为各级政府出台投资促进政策措施提供了法律依据。最典型的是《外商投资法》第二十五条明确指出，政府及有关部门应当履行依法依规作出的政策承诺和订立的合同。同时，第二十六条专门规定了投诉工作机制。外资企业权益受到侵害时除了申请协调解决外，还可以依法向政府相关部门申请行政复议或者向人民法院提起行政诉讼，维护自身合法权益。

5.外商投资管理公开透明

市场准入“负面清单”以法律制度的形式出现在公众视野，外商投资可以依据“负面清单”排除效应，获准进入负面清单以外的细分产业领域，实行内外资市场主体一致的管理制度、外资项目核准与备案制度、行业许可制度。国家高度重视事中事后监管，对外资企业依法依规办理税收、会计、外汇等事项，实施监督检查制度。我国实行文化市场准入负面清单制度，符合当今世界各国政府对外商投资管理的主流。《外商投资法》的施行，有利于实现我国文化产业国际间投资自由化和便利化，顺应当今世界经济贸易发展新规则新趋势，更有力表明我国坚定对外开放和反对贸易投资保护主义的原则和立场。

6.外商投资信息报告制度

国家高度重视外资信息报告制度建设，为此，在《外商投资法》中明确规定“国家建立外商投资信息报告制度”。这是在外商投资法律制度框架下的一项新型管理制度，主要是为建立健全外商投资政策措施、提升更高水准服务、促进外商投资和外资保护工作等提供信息支持。与此同时，国家发布专门的《外商投资信息报告办法》作为《外商投资法》的配套规章，明确了信息报送内容和流程要求，进一步细化和简化外资信息报告程序，减轻企业信息报告负担，提升政府服务和管理水平。

7.外商投资安全审查制度

外商投资安全审查主要指对威胁或潜在威胁我国国家安全的外商资本进行审查，是旨在通过禁止、驳回等方式保护国家安全的法律措施。虽然对外商投资实行安全审查制度是较为普遍的做法，但对于国家安全的界定和适用范围争议不断。当前，被某些国家拿来用作奉行单边主义的工具，更变成了贸易保护主义的借口。而我国建立外商投资的安全审查制度，既有利于维护全球多边体制和自由贸易体系，又为国家安全提供法律制度保障，但同时也应该看到，《外商投资法》只对原则性问题做了规定，内容和流程以及救济制度不够明晰，还需要出台相配套的规章制度，进一步明确和完善相关规定。

（三）出台《外商投资法》意义重大

《外商投资法》确立了新形势下对外开放基本制度框架和规则，被看作我国首部维护外商合法权益的基础性法律，它的颁布和实施有助于提升外资准入的开放度、透明度，维护外商投资市场公平性，为形成新的外商投资格局提供强大的法律制度保障。这也充分显示出新时期我国扩大对外开放、积极促进全球一体化的信心和决心，必将对未来一段时期中国经济发展产生重大影响。同时，我们也应该注意到，《外商投资法》是“三资企业法”的替代并且促进各种配套法律法规加快出台和修订，推动外商投资领域法律法规体系的健全，更宽松的法治环境为外商投资提供了便利，框架和条款要素设计更加符合市场规律。与此同时，政府应当尽快改变新时期的外资管理制度，适当运用新规则，让外商投资企业享受到我国改革开放的制度性红利。

二、《中华人民共和国外商投资法》时代展望

新时代，我国经济发展进入新常态，国际形势风云变幻，单边主义、霸权主义势力时有抬头，我国对外开放面临严峻形势，亟须进一步推动对外开放新格局的形成，实现向规则、法治等制度型开放转变。当前，人类社会联系越来越密切，国家间相互依存度持续提升，逐步走进“共同体时代”，《外商投资法》作为中国智慧精华，为世界文明和文化之间的平等沟通交流打开了一扇窗。在构建人类命运共同体进程中，中华文化国际竞争力和影响力将日益增强。新时代的中国，在对外开放的道路上，有信心、有能力以崭新姿态更加主动地拥抱世界，加强国际间交流合作，扩大开放广度和深度，提出全球化新的方向和重大举措。在这样的时代背景推动下，《外商投资法》应时而生。笔者相信，随着《外商投资法》及各级配套法律法规的施行，深圳外商投资文化产业的发展前景将会更加美好。

第二节 深圳外商投资出版产业法律解读

一、出版产业范畴的界定与外商投资的产业准入

（一）当前出版产业范畴的界定

我国现行出版产业法律效力最高的是《出版管理条例》。对于出版物的概念界定，《出版管理条例》明确指出，出版物“是指报纸、期刊、图书、音像制品、电子出版物等”，并对出版活动概念给予规范，出版活动“是指出版物的出版、印刷或者复制、进口、发行”。从这两个概念不难看出，按出版物类型不同可细分为图书行业、期刊和报纸行业、电子出版物行业等；按照出版活动所处阶段可细分为出版业、印制业、发行业（进口）等；同时，还有《网络出版服务管理规定》所界定的网络出版业。广义的出版行业应该是囊括了《出版管理条例》所列举的出版、印刷及发行等业务，从产品类别方面来讲，包含了图书、音像制品、期刊和报纸、电子及网络出版物等。

（二）出版行业外商投资准入

依据现行的《外商投资产业指导目录（2017年修订）》可得知，音像制品、电子出版物的出版和制作业务，图书、报刊的出版业务，网络出版服务等方面被列入外商投资“负面清单”。但是，需要指出的是，这里的“出版”“出版和制作”是指出版物的编辑制作，并不包含发行和印制等其他出版活动，即涉及出版物内容供给的，不允许外资进入。

二、外商投资印刷业、出版物发行行业的产业准入

（一）印刷业外商投资准入

通过对《外商投资产业指导目录（2017年修订）》的解读不难看出，外商投资印刷产业不属于禁止行业，这说明外商获准进入印刷行业，但是准入细则

未予以详细说明。首先，对于外资准入印刷行业市场主体和业务范畴，另一部配套性规章——《设立外商投资印刷企业暂行规定》将市场主体定义为从事包装、装潢、印刷的中外合资经营企业和外资企业，也就是说，市场主体应为外商独资企业或者中外合资经营企业；业务范畴包装、装潢印刷品。其次，中外合资经营出版物印刷行业的股权占比有明确规定:《设立外商投资印刷企业暂行规定》明确指出，从事出版物、其他印刷品印刷经营活动的中外合营印刷企业，合营中方投资者应当控股或占主导地位，甚至对经营管理层人员中方国籍都有明确要求。这表明，我国印刷行业对外商投资实行的是有限性、条件性的准入，尤其是股权占比，中方持股不应低于50%。当然，需要注意的是，基于香港和澳门特别行政区在我国行政区划中的特殊地位，以及它们在我国扩大对外开放中的枢纽作用，新闻出版总署联合商务部，发布《关于〈设立外商投资印刷企业暂行规定〉的补充规定（二）》明确提出，在深圳前海和珠海横琴试点区域设立合资合作经营企业，从事印刷业务的香港、澳门服务提供者拥有的股权占比不超过七成。

（二）外商投资出版物发行的产业准入

对于出版物发行行业的范畴，《出版物市场管理规定》进行了详细的阐明，即总发行、批发零售以及展销、出租等活动。其中，批发和零售在《外商投资图书、报纸、期刊分销企业管理办法》和《中外合作音像制品分销企业管理办法》中便已放开，外资可以以中外合作、中外合资及外商独资等形式设立报刊、图书、音像制品分销企业，这里的分销可以理解为批发和零售。需要注意的是，这时还不包括总发行。直到2011年新闻出版总署和有关部门公布的《出版物市场管理规定》，才将外资从事发行的范畴扩展到总发行等全部范围，允许以合资、合作甚至外商独资的形式，参与我国音像制品、中外合作音像制品、报刊、图书、电子出版物的发行活动，同时规定了禁止外资控股的情形。2016年新闻出版广电总局和商务部公布的《出版物市场管理规定》，进一步降低出版发行行业外资准入门槛，取消从事音像制品发行业务的形式限制、股权比例限制和总发行的审批制度，尤其值得注意的是，对港澳居民在内地开展出版物批发零售业务的个体户，取消外资审批。至此，我国出版物发行行业外资准入已经全面放开。

三、外商投资互联网出版行业及境外出版办事机构的准入

（一）网络出版业外资准入

2017年修订的《外商投资产业指导目录》提出，网络出版服务被拉入“负面清单”，列入外商禁止投资领域。2016年发布的《网络出版服务管理规定》，则进一步明确“中外合资经营、中外合作经营和外资经营的单位不得从事网络出版服务”。同时，《网络出版服务管理规定》对合作项目中外商投资网络出版行业准入施行审批制度，即以合资、合作、外资独资等形式及境外个人从事网络出版业务的合作项目时，应当经国家新闻出版主管部门审批，审批通过后方可进行。施行审批制度，可以说关闭了外资进入网络出版行业的大门，理论上外资企业想要控制内资网络出版公司的路径被切断。

（二）外商设立境内办事机构的有关政策

外商投资进入我国出版发行行业，最常见的做法是通过成立外商投资企业获取出版业务资质。在社会实践中，外商可以设立境内办事机构，并开展相关业务活动（不包括经营活动）。20世纪90年代发布的《关于对境外传媒在我境内设立办事机构加强审批管理的通知》规定，对境外新闻出版机构在境内设立办事机构实行审批制度。这时，国家政策倾向于严格控制境内办事机构的设立。因此，实际上外国的新闻出版机构要想通过此方法进入我国，难度比较大。

总之，我国对外资进入出版行业的政策和原则，大致为：已全面放开出版物发行业务，包括可从事发行业务的范畴和持股比例要求；不管是图书、音像制品、报纸，还是电子图书、网络出版，凡触及编辑内容的一律严格禁止；外商投资准入印刷业，实行有限度、有条件准入制度；合资、合作出版物印刷需要内资占主导；当前严格禁止外商投资进入网络出版领域，乃至合作亦不准许。

所以，对于外商投资我国出版行业的外资政策，需要严格区分出版物的不同界定和要求以及具体出版活动，只有这样，才能准确而全面地加以把控。

第三节　深圳外商投资影视产业法律解读

一、外商投资中国影视产业时代背景

（一）新冠肺炎疫情下的中国影视产业

2019年年底至2020年受新冠肺炎疫情影响，全国各地影院暂停营业。财政部和国税总局于2020年5月13日发文，对2020年内电影放映收入免征增值税。国家电影局于7月16日发布通知，低风险地区的影院从7月20日开始有序恢复营业。笔者借影院复工利好政策的契机，结合当前外资影院的新政，回顾外商投资影院行业的监管过程，立足于国内影院行业发展特点和现行外资政策，特别是疫情期间电影院艰难生存的状况，就外资进入国内影视行业的监管及方式等进行介绍，并对中国影院市场的前景作出展望。

（二）中国影院产业的迅速发展

近年来，好莱坞影片海外票房时有超过北美市场的趋势，新兴市场开始成长为票房增长的主力军。中国已成为全球第二大电影市场，仅次于北美。2019年中国电影总票房达642.66亿元，城市院线观影人次达17.27亿，银幕总数达69 787块。中国影院市场的迅速发展令全球瞩目。迅猛发展的流媒体市场和中国影院，对投资者产生了很大的吸引力。但是，近年来外资似乎并没有在这些领域大展拳脚。一方面，流媒体所覆盖的广播电视视频点播业务、网络视听节目服务，一直是外资禁区；另一方面，好莱坞传统的电影生产模式是放映、制作及发行于一体的标准化模式。然而，因为我国宏观层面对电影行业的保护和限制，使得电影发行、制作、院线等电影产业的中上游至今还是外商投资的禁

区。所以，对于好莱坞乃至西方电影市场来说，假如不能打通发行、制作和放映的产业链，那么在中国市场的发展十分有限。[①]

（三）新的外商投资监管体制建立

从2020年起，施行了数十年的“三资企业法”退出历史舞台，这是中国外商投资史上浓墨重彩的一笔。从出台纲领性的《外商投资法》和《外商投资法实施条例》（统称“新外资法”），到2019年版负面清单继2018年版之后仅仅时隔一年再次缩减项目 ，新的外商投资监管体制应运而生。在这一系列国家大刀阔斧的改革中，我们发现处于电影产业链下游的“电影放映”已从2019年版负面清单中删除。这意味着，和电影发行、制作等环节的严控相比较，影院行业脱颖而出，已成为电影产业链中屈指可数的外商可控股甚至独资的行业。

二、外商投资影院的监管政策演进

（一）2000年前为外资开放和深度合作做准备

中国电影体制化改革的第一个十年中，除了1996年颁布的《电影管理条例》对中外合拍片有所提及，电影产业的其他领域还没有对外资开放。这一阶段，外资基本限于参与合拍和出口影片的方式进入中国电影市场。与之相配套，1995年版和1997年修订版的《外商投资产业指导目录》，都将电影发行、制片、放映列为禁止外商投资的领域。

（二）2000年至2003年外商投资电影院严格受限

2000年至2003年外商投资电影院持股比例不能超过49%。2000年以来，为“入世”做准备，我国电影产业全球化政策的制定列入议事日程。我国在加入世界贸易组织的相关谈判中曾承诺允许外资进入中国的电影放映业，在所占股份不超过49%的条件下建设、改造或经营电影院。随着中国“入世”的临近，且伴随着我国电影产业化的迅猛发展，《关于进一步深

---

① 郭闻，鲁苗苗.影院新机遇——外商投资影院政策松绑［EB/OL］. 中伦网，https：//www.zhonglun.com/Content/2020/07-20/1855231299.html. 最后访问时间：2020-07-20.

化电影业改革的若干意见》于2000年6月6日印发，允许引进外资改造的电影技术设备和基础设施，允许以中外合资、合作方式改建电影院，但都必须由中方控制经营权；由国家广播电影电视总局、对外贸易经济合作部、文化部联合发布的《外商投资电影院暂行规定》于2000年10月25日实施，再一次对外资参与境内影院建设进行了细化和规定：①中外合资电影院，中方在注册资本中的投资比例不能低于51%；②允许以中外合作、中外合资的方式投资设立电影院，但不允许外商独资设立电影院；③合资、合作期限不能超过30年；④中外合资、合作电影院不得冠以境外影视（媒体）、院线名称。

从此以后，外商投资中国影视业拉开了序幕，外国投资者跃跃欲试。自“入世”以来，中国政府出台了许多促进影视产业发展的规定，世界知名的传媒集团为中国影视产业注入了新鲜的血液，也为中国电影输入大量资本。同时，从高科技手法应用、制作再到宣发理念，对中国电影行业的发展有一定的推动作用和积极影响。

（三）2004年至2005年外商投资电影院的限制逐步放宽

外商投资中国电影院在7个城市试点，外资持股比例可放宽到不超过75%；港澳服务提供者在内地投资电影院逐渐放开。

2004年1月1日修订版《外商投资电影院暂行规定》生效，规定结合当时国内院线制改革大背景，增加了外商不得组建电影院线公司的相关规定。除此之外，其他修订一定程度上进一步开放了影院市场，这主要体现在：①删除了“中外合资、合作电影院不得冠以境外影视（媒体）、院线名称”的内容；②以合作、合资方式投资电影院时，在原则上不能超过49%的投资比例限制下，在全国7个试点城市中，允许外商投资电影院的投资比例放宽到不超过75%；③将注册资本的条件要求由不少于1000万元人民币变更为不少于600万元人民币。在上述政策背景下，外资继续布局电影行业。到了2005年5月8日，国家广播电影电视总局（以下简称“广电总局”）施行了《〈外商投资电影院暂行规定〉的补充规定》（以下简称“补充规定一”)，从2005年1月1日起，允许香港和澳门服务提供者在内地以合作、合资或独资的形式建设、改造及经营电影院。在2006年2月20日，广电总局又施行了《〈外商投资电影院暂行规定〉补充规定二》(以下简称“补充规定二”)，对香港和澳门服务提供者进一步开放内地影院市场。补充规定一和补充规定二对港澳服务提供者的特殊政策安排，使外资可绕道港澳控股或独资持有境内电影院。然而涉及的港澳“服务提供者”需分别符合CEPA中关于“服务提供者”定义及其相关规定要求，比如在香港或者澳门从事实质性商业经营等。

(四)2005年至2019年取消试点城市外资占股不超过75%的政策，恢复到2004年以前不得超过49%的政策规定

文化部等五部委于2005年7月6日出台《关于文化领域引进外资的若干意见》(以下简称《若干意见》)，尽管2004年修订版《外商投资电影院暂行规定》中关于试点城市的规定暂未失效，但《若干意见》已被视为取消了试点城市外资可占股不超过75%的政策规定。在这一政策缩紧阶段，外资在境内影院市场的战略布局受到较大的影响。

自2005年至2019年上半年,《外商投资产业指导目录》四次修订、负面清单第一稿诞生，这一政策都没有松动，一直到2019年版负面清单的出台。

(五)2019年7月30日起，原则上外商可以独资设立电影院

国家发改委、商务部于2019年6月30日发布《外商投资准入特别管理措施(负面清单)(2019年版)》，删除了2018年版负面清单中关于“电影院建设、经营须由中方控股”的表述，自2019年7月30日起施行。从此以后，外商投资电影院的市场准入限制全面取消。

但是在新政之下，市场上似乎并没有出现知名海外影业新设控股、并购或独资进入影视放映行业的案例。一方面原因可能是中国本土市场逐渐饱和，另一方面原因可能是影视产业上中游的发行和制作尚未放开，对于发行、制作和放映全产业链一体的标准化模式的西方，特别是好莱坞影业，吸引力已大大降低。

三、外商投资境内影院市场的展望

（一）外商投资境内影院市场的方式——新设VS并购

由于长期的准入限制，当前我国境内影院多以国内资本为主，部分外资通过与境内资本合作、合资，以中方控股的方式进入境内影院市场。2019年版负面清单取消外商投资电影院持股限制后，无疑扩大了外资进入中国境内影院市场的渠道，外商可以直接以新设的方式全资持股或控股境内电影院，而不必借道香港、澳门。

然而，我们注意到，在外资受限的近20年中，国内影院已成规模，影视行业市场发展较为成熟，当前影院竞争已在一定程度上陷入盈利困境。此外，在境内建设电影院，需要有固定的营业（放映）场所，当前不论是自建自用物业还是租赁模式，其成本都比较高；中国社会也已迈入“互联网+”时代，影院建设也面临更加复杂多变的竞争环境。所以，从商业角度来说，外资当前在境内新设电影院可能有很多顾虑。根据市场推测，外资如果考虑后续进入，非常有可能通过并购这种方式对国内资源进行整合。

（二）外商投资境内影院市场的监管

2019年版负面清单和《外商投资法》都确立了负面清单之外的领域，按照内外资一致的原则实施管理，所以，外商以并购或者新设等方式投资影院，都将不再受制于有关部门的批准或者备案，而只需要履行相应的信息报告程序，并在主管登记机关办理相关登记就可以。

综上所述，流媒体与传统影院的竞争愈演愈烈、影院同质化竞争现象凸显，线下影院急需完善产业链并创新盈利模式，在这样的大背景下，当前阶段外资进入境内影视产业，可以拥有较多的机会和以比较低的成本进行并购，并且运用更加精细化的经营方式和多种营销方式，创造新的经济收益点，通过经营模式、技术、服务等多维度的升级来提振境内影院，在我国政策的东风下，这是一次非常难得的机遇。

第四节 深圳外商投资互联网产业法律解读

一、《中华人民共和国网络安全法》解读

（一）立法背景

如果没有网络安全，国家安全也将遭受严重威胁。网络安全已成为关系广大人民群众切身利益、关系国家安全和发展的重大问题。如今，网络已深刻地融入了社会经济文化的方方面面，网络安全威胁也随之出现在社会经济文化的各个层面，网络安全的重要性不断提高。

《中华人民共和国网络安全法》（以下简称《网络安全法》）的制定是落实中央决策部署，适应国家网络安全工作新任务、新形势，保障网络安全和发展利益的重大举措，也是落实国家总体安全观的重要举措。我国是网络大国，是面临网络安全威胁较为严重的国家之一，迫切需要建立和完善网络安全的相关法律法规，提高全社会的网络安全保障水平与网络安全意识，使我国的网络更加便利、更加开放、更加安全、更加充满活力。

在新的形势下，《网络安全法》的制定是维护网络安全的客观需要，是落实国家总体安全观的重要举措，是维护国家广大人民群众切身利益的需要。

《网络安全法》于2017年6月1日起正式施行，共7章79条。

（二）发布意义

全国人大常委会通过《网络安全法》的重大意义在于，从此以后，国家的网络安全工作有了基础性的法律，有了网络安全的“基本法”，解决了以下多个问题：一是将成熟的措施和政策规定上升为法律，为政府部门的工作提供法律依据，体现依法治国、依法行政要求；二是建立了国家网络安全的一系列基本制度，这些基本制度具有基础性、全局性的特点，是防范重大风险、推动工作、夯实能力所必需的；三是明确了企业、部门、社会组织和个人的权利、义

务及其责任；四是规定了国家网络安全工作的主要任务、基本原则、重大指导思想、理念等。

（三）安全审查的规定

依据《网络安全法》等法律法规制定的《网络产品和服务安全审查办法》，对可能影响国家安全的网络服务和产品进行必要的安全审查，目的是维护公共利益和国家安全，提高网络服务和产品的安全可控性，防范供应链安全风险。

安全审查的重点是网络产品和服务的安全性、可控性，包括产品提供者非法收集用户信息的风险，产品被非法控制、中断和干扰运行的风险等。

安全审查没有国别的差异，它不针对特定国家和地区，审查也不会歧视国外产品和技术，不会限制国外产品进入中国市场。相反，安全审查会更加增强消费者对使用产品的信心，扩大企业的市场空间。

二、深圳对外商投资互联网产业的法律要求

（一）深圳对外商投资商业领域网站的限制

对出版与新闻网站的限制属于国家政治性或政策性的问题，而对于外商投资医药类网站、电子商务网站、教育类网站，因为其实现利润的现实性强，所以这些网站是吸引外资的主要类型。但是，无论是B2C还是B2B网站，都属于商业网站，它们所面临的首要问题是，国家对商业领域有哪些政策性限制。国家对外资进入商业领域在过去都采取严格禁止的政策，所以很多投资者采取了一些变通的方法。比如国内一个比较著名的电子商务网站，实际上由三个企业的互补与联动实现电子商务目的。第一个企业是外商独资企业，为了实现资金的融通目的，它安排项目所需要的各种金融工具，并以此为主体实现在国外的上市，其经营范围主要集中于提供信息、网页制作、技术服务、技术咨询等；第二个企业是内资企业，它作为将商务信息上网发布的载体，即满足电信管理部门对ICP的各项要求，获取增值电信业务经营许可证；第三个企业是商业零售企业，它获取商业零售牌照，用于实现电子商务过程中对客户的商业销售。

三个企业之间的合作模式和利益分配通过协议约定和股权结构的设计来实现，结构复杂，成本也较高。但是，这些都是不得已而为之的，在现行的法律框架下，外资企业不能直接从事电子商务。

（二）深圳外商投资互联网应遵循的法律程序

外商投资互联网应遵循哪些法律程序，目前还没有固定的模式。但一些常规的法律步骤是必须要遵守的。

1.选择具有经济前景，又符合产业政策的互联网投资项目，并做出法律可行性分析和经济可行性分析。律师需要对项目的法律可行性出具法律意见书，从而保证该项目符合中国的产业政策和法律框架。

2.决定投资方式是战略投资还是风险投资。战略投资和风险投资的目的是不一样的，战略投资的对象对安全性系数要求比较高，投资者更关注的是长期的利益，也可能构成投资者新方向或业务的转型。而风险投资的对象是回报高、风险高、有恰当退出机制的项目，它以实现高额的利润回报为目的。

3.决定金融工具的安排。是股权、债权，还是可转换债务？至于选择哪种金融工具，完全取决于投资人投资时的法律环境、产业政策和投资项目。现在，多数项目采取多种金融工具结合使用。

4.向互联网项目所属行业的管理部门申请批准（如果需要）。

5.向电信行业的管理部门申领增值电信业务经营许可证。

6.需要到外资管理机关进行项目审批，到市场监督管理机关登记。

7.网站名称注册、经营性网站登记备案、域名申请、BBS专项申请。

8.项目正式开始运行。

三、深圳对外商投资教育类网站的限制

（一）总体要求

由于深圳具有庞大的教育市场，深圳教育类网站也是当前投资的重要领域之一。教育类网站除要满足教育主管部门的各项要求外，还需要满足电信管理

部门对信息服务者的要求。教育部在2000年7月5日颁布《教育网站和网校暂行管理办法》(以下简称《办法》),把教育类互联网项目划分为教育网校和教育网站两大类。教育网校和教育网站可涉及从高等教育到基础教育的各种类型的教育阶段及内容。教育网站本身也是教育网校,是指通过培训或进行各类各级学历学位教育颁发各种证书的教育网站。《办法》从来没有禁止外资对教育网校和网站的投资,也没有规定外商在其中的股权比例。对于教育网站,由于不涉及学历、学位、证书教育,面临的法律问题也较少,并且《办法》明确规定教育网站可上市,但前提是必须征得教育部的同意。

(二)法律注意事项

对于深圳外商投资教育网校,需要注意的法律问题主要有以下几点:

1.上市问题

因为学校是非经济组织,其上市的前提不存在。所以,《办法》中只规定了教育网站的上市问题。

2.网校的教育范围

在《中外合作办学暂行规定》中禁止中外合作办学机构从事义务阶段的教育,中外合作网校也应当受到限制。

3.关于和教育机构采取什么样的合作方式

《办法》并没有做出明确的规定。一般认为,应以项目合作,或者双方共同投资设立企业的方式进行合作,这些都是可以的。

4.关于利润分配问题

依照《社会力量办学条例》的相关规定,社会力量举办教育机构,不能以营利为目的。学校的再投资和收入的分配均受到法律的限制。如果教育部门对网校使用该条例,那么利润的分配就成为问题。另外,根据《教育网站和网校暂行管理办法》第二十二条的规定,境外机构参与网校建设的,根据中外合作办学的相关规定并参照本办法执行。并且《中外合作办学暂行规定》当中也有明确规定,合作办学机构的学费、开办资金、社会募集资金必须用于教学。所以,中外合作开办网校的利润分配将会遇到法律障碍。

5.关于教育活动资格问题

外商及其在国内的公司由于不具备从事教育主管部门认可的从事教育活动的资格，所以，按照规定，应当和具有网校所从事教育活动相同类型教育活动资格的教育机构合作，并且由教育机构提供教育质量保证。

四、对外商投资医药类和音像制品网上经营的限制

（一）外商投资医药类网站的限制

现在的医药类网站处于一种比较尴尬的境况。由于药品是比较特殊的商品，中国政府对医药电子商务流通采取了较为谨慎的态度。国家药品监督管理局公布的《处方药与非处方药流通管理暂行规定》，明确指出处方药、非处方药暂不允许采用网上销售式方。我国早在2000年1月1日采取了区分处方药与非处方药的流通体制，处方药必须凭处方购买、销售和使用，网上售药的前景并不十分乐观。

（二）外商投资音像制品网上经营的限制

文化部于2000年3月发布的《关于音像制品网上经营活动有关问题的通知》（以下简称《通知》)。《通知》规定，禁止外商投资、中外合资合作的信息网络经营单位从事音像制品的网上经营活动；上网经营的音像制品必须是国内音像出版单位出版的合法音像制品。所以，外资直接进入该领域的法律基础并不存在。

6

深圳外商投资文化产业的法律限制

>>>

按照国际惯例，各国都把文化产业作为外商投资例外。相比较于投资其他产业，东道国对外商投资文化产业有诸多限制，这是文化产业的特殊性所决定的。因此，世界上各个国家政府都希望保护本国文化不受其他文化的侵袭，这有助于维护本民族的价值观、保护国家文化利益、保障公民的文化权利。但这无疑也给外国投资者投资文化产业带来极大挑战性。

从法律规范上来讲，外商投资文化产业需要重视国际法与国内法调整关系。依据国际法范畴对文化多样性的启示，更深入明确国内法规范该问题的深刻内在因素，明晰两者在调整这一问题上的关系，即国际法根据各国现实需求，一般对该问题给予保留，而通过国内法规范调整详尽的限制政策措施。随着世界一体化深入发展，人们各方面交流日益活跃，推动自由化发展，使各种文化相互交融、相互促进，已成为各国共识，并且在管控外资进入文化产业上，越来越多政府采用更加透明化、公开化的负面清单制度。

当前，世界文化产业发展呈现出新的发展方向，经营日趋集约化和垄断化，也日趋多样化和全球化，尤其是北美和欧洲等地区，产业资本的介入不断推动文化产业的并购热潮。正是在这种热潮的带动下，越来越多的外资通过并购的模式，进入所在国文化产业这一领域。因此，探究世界上文化产业外资并购的规制和模式，将为新时期我国文化产业的改革和创新发展提供理论参照。

第一节　外商投资文化产业法律限制问题概述

一、深圳投资文化产业法律限制的类型

外商直接投资深圳文化产业领域，在外资准入和外资并购两个方面都会受

到限制。

（一）外资准入的限制

文化产业的特别之处在于，它带有较强的文化和民族特色，东道国为了维护本国国家文化安全以及保障国民的人文、价值观念不受侵害，保护自己国家较为弱小的文化产业，会通过立法设置准入限制，诸如贸易保护机制、负面清单模式等，严格限制外资的进入。广义上的文化产业领域范畴宽泛，外资不会处处都受到限制，受到严格限制的是那些重点的文化产业核心领域，能够对公民道德及价值观产生直接或者间接影响的广播电视、新闻出版等领域。而对其余的文化产业领域，尤其是那些创新创意、新产业、新业态领域，东道国的产业发展水平，无法在国际市场上形成竞争力，为了能够保护本国文化产业，并吸收和引进国际上已经成型的先进技术和管理模式，会施行有限度的准入。

（二）外资并购的限制

文化产业中，外商投资既可以采用设立新企业的形式，也可以通过并购现有企业的方式进入东道国，因此，外资的准入也会受到外资并购的影响。当外商投资经过并购进入东道国和外资企业兼并或者合并现有企业时，都可能在一定程度上涉及产业市场垄断的问题。市场垄断并不鲜见，但具体到文化产业领域，造成的后果可能更加严重，所以要格外注意广播电视、新闻等媒体领域的垄断，它会扰乱正常的文化市场秩序，干扰本国文化多样性，导致文化产业市场发声单一，侵害公民的言论自由权利、知情权，使公众的道德和价值观念受到误导。市场上媒体的垄断，会侵害媒体的多元化发展，阻塞言论自由和交流渠道，提高自由表达的边际成本。进一步还可能会造成社会主流意识和正能量被限制，虚假和负面消息得以快速传播，社会无知性恐慌蔓延，从而扰乱社会秩序，侵蚀主流文化价值和国家文化安全，影响社会的安定。

因此，根据文化产业的独特性，深圳市政府一定要严格管控外资准入和外资并购行为。外资的并购行为应在外资准入的前提下进行 ，同时，还要符合反垄断和不正当竞争的审查要求，在外资进入深圳和运营全过程中，外资并购的限制要贯穿始终，以此降低外资并购带来的国家文化安全风险。

二、深圳外商投资文化产业法律限制的特征

基于对文化及文化产业的相关研究，能够得出文化产业在国家对外交流和开放中地位特殊，独特性明显。因此，文化领域对外商投资有更严格的限制，主要有以下几点特征。

（一）呈现出世界文化多样性以及国家间文化交流的博弈性

世界文化的多样性决定了不同国家文化的独特性，文化产业发展阶段也不尽相同，为了保护国家文化安全和促进本国文化产业的发展，国家在文化领域立法时，一般会根据本国所面临的实际情况，在不同细分领域设置不同的限制。国家间进行交流时，文化产业争议一般会成为焦点，尤其是在新闻出版、视听产品、网络信息服务等方面，各国据理力争，利益难以协调。缔约国之间协定中对文化相关产业的准入限制成为博弈的主战场。

（二）限制规则的制定和实施主体之间的关系

文化产业概念宽泛且涉及多个方面，政策措施的制定和执行，分散于外资监管、广播电视、新闻出版、财政金融、发展改革、知识产权等多个领域。这种分散导致监管效率低下，甚至出现监管漏洞。我们看到国际上不少国家对外商投资文化产业限制有专门一套程序：文化部门主管、反垄断系统提供咨询；文化部门行使部分监管、反垄断的职责，以协调各系统关系。

（三）政策法规分散性

经过几十年的全球化发展，时至今日，国际上仍然没有形成文化产业领域对外商投资的专门公约。国内情况同样不容乐观，也没有文化产业方面针对外商直接投资的专门法律法规，其政策法规多分布于文化产业或者相关产业以及其他产业的立法中。

（四）限制内容具有复杂性，限制的目的指向更加多元

文化产业涉及的行业部门多，又可分为很多细分门类，与制造业、旅游业、信息通信业、金融业、零售业等错杂交织，相互渗透融合，因此，在考虑文化产业外商直接投资限制时，要对行业和本身细分门类加以甄别，这是造成

无法出台统一性政策法规的主要因素。同时，还应该明确，对文化产业的外商投资的限制，既要维护本国文化独特性，也要保护本国弱势产业部门，更要提高技术实力和创新能力，促进文化产业的高质量发展。

三、文化产业外商直接投资限制的法律渊源

关于本领域的法律溯源工作，尝试从国内法和国外法两个方向出发。

（一）文化主权是国家主权的重要组成部分，政府代表国家行使文化及相关产业监管权力

依据国家需要的不同，对文化产业限制外商直接投资的政策法规的表现形式也有区别，其主要形式有：

1.将文化产业限制外商直接投资的政策法规置于外商投资立法中，例如，“加拿大投资法”中明确规定，文化产业的外商直接投资要报经加拿大商务部的批准。

2.文化产业限制外商直接投资的政策法规置于产业部门法中。例如，日本政府出台的“日本广播法”“日本电波法”，新加坡政府制定的“新加坡广播法”“新加坡新闻出版法”，美国政府颁布的“美国电信法”等，都是通过部门法实现对外商投资的限制。

3.文化产业限制外商直接投资的政策法规在宪法中予以体现。例如，菲律宾宪法对大众媒体和广告等行业中外商投资的比例给予限制。

4.在国家竞争法中对文化产业范围内的外资并购予以限制。例如，澳大利亚颁布的“澳大利亚竞争与消费法”。

（二）在国际法范畴上，其赋予各国国内法对外商投资文化产业进行规制的权力

联合国教科文组织通过的《保护和促进文化表现形式多样性公约》（以下简称《保护文化多样性公约》）明确指出，为了维护和保护本国文化的独特性，促进和保持世界文化多样性，各缔约国有权对本国的文化产业进行管理。该公约为世界各国规制文化产业投资提供了法律基础。国际立法文件的规则主

要包括：一是WTO协定下的服务贸易总协定（GATS）中的有限承诺。在WTO框架之下，成员国必须承诺在“视听服务”和“文化娱乐体育服务”两项中，以“商业存在”的方式为顾客提供服务，禁止外资进入其他领域。二是对外缔结的自贸区协定中的投资条款、双边投资协定，在双边、多边投资条款框架下，有关国家也对文化产业做出例外承诺，主要包括概括性地排除文化产业领域的适用，以及将文化产业的有关领域列入负面清单。三是国际条约也规定了例外情况，比如旨在维护本国公共道德秩序或保护文化遗产等而采取的投资必要限制措施。①

国际法并不是直接规定文化产业中外商直接投资限制政策措施，它主要是依靠国内法具体对文化产业外商直接投资进行限制。文化产业外商直接投资可以说是资本的跨国流动，东道国会根据本国产业发展需要，设定一些限制，而国际法是促进投资便利化和自由化，这在一定程度上可以清除障碍，促使东道国公开其国内法设置的有关限制，提高本领域文化产业规制透明度，为外商投资者提供精确、可预见的引导以及切实可行的保护措施。

从文化产业开放程度方面讲，国际法渊源属于消极层面，而国内法渊源属于积极层面。文化管理权的让渡可以看出东道国在本领域的开放程度。目前，世界上没有形成统一让渡标准形式，需要国家间的谈判、协商和对彼此文化的认同感。东道国在国内法规制上的让渡程度，在一定程度上影响国际法对文化产业国际投资准入的规制程度，作为例外保留空间理由，国际法也会给予国内法充分的尊重，并为其提供法律依据。研究国际法规制消极层面内容，也可以明晰国内法规制积极层面的路径。

四、文化产业外商直接投资限制日趋放开

近年来，随着世界文化交流日益频繁，监管手段不断革新，各国管理文化产业外商直接投资的能力不断提高。尽管文化产业比较特殊，但很多国家正在

① 陈清华.文化产业投资机制创新［M］.南京：南京大学出版社，2009：56.

逐步降低对文化产业外商直接投资的限制程度，主要从准入限制、并购限制和立法三个层面展开。

（一）降低准入限制标准

从世界文化产业发展实践来看，由于舆论宣传导向的重要性，各国广播电视行业有着较为严苛的准入条件。当前，这种状况正在得到改变，部分国家已经或者正在逐步取消限制，下面有几个比较典型的案例。一是墨西哥。墨西哥政府颁布了广播业外资进入的标准，大大简化外国人持股公司的程序，没有限制外资加入其他商业性活动企业的所有权。二是印度。印度虽然没有文化产业相关概念界定，通常称娱乐与媒介产业，但是正在逐步推动放松管制和自由化政策，进一步放宽媒介行业外资准入的限制。三是英国。英国作为发达资本主义国家，文化底蕴深厚，文化产业发展程度高，对外资进入本国文化领域不作限制。四是澳大利亚。通过2006年的媒体改革，澳大利亚逐步取消了外资控制本国付费电视、高管国籍、外商投资报刊行业的准入限制等。

（二）逐步放开并购限制

媒体行业作为文化产业的重点领域，其并购限制表现出自由化的趋势。美国政府于1996年颁布了“美国电信法”，推动放宽媒体行业的管制，取消设立广播电台数量上的限制、允许媒体开展跨行业的合并；澳大利亚自2006年媒体改革后，允许不同类型媒体平台之间的跨媒体合并。新兴媒体打破了广播、电视等传统媒体明显的界限，这使得外资对媒体行业的并购趋势明显，甚至引起并购潮流，从而倒逼法律逐步放开媒体产业并购时对外资的限制。

（三）产业立法逐步宽松

当前，世界各国都在加强文化产业立法，借鉴发达国家经验和依据国际法渊源，保护本国文化产业安全和保障文化产业健康发展，文化产业准入负面清单模式应运而生。负面清单起源于西方，目前国际条约更多采用负面清单的模式对文化产业领域的外商投资限制做出保留，部分国家也开始效仿这种模式，限制外商投资，比如发达国家中的日本、新加坡、加拿大等，都在主动实行负面清单模式。负面清单模式的主要内容，一是详尽阐述限制政策措施，二是明晰法理依据，公开透明。通俗来讲，凡是负面清单中的行业或者领域都被限制或禁止准入，其他则无限制和准入门槛。负面清单制度的建立，有利于提升各国对外开放水平，提高文化产业政策制度的透明度。

第二节　文化产业外商投资并购限制的立法规则

媒体行业是文化产业的核心部门之一，在国家文化产业中占有重要地位。媒体最能体现文化产业的双重属性——意识形态属性和经济商业属性。具体到外资并购的管制上，双重属性带来不同要求：首先意识形态属性要求能够确保国家文化主流意识的有效表达和传播。其次经济商业属性支持和鼓励文化产业内部各元素之间充分竞争，对垄断行为坚决予以抵制，这促使立法上产生两种不同方向的立法模式：一是基于维护言论自由表达和媒体多样化、多元化发展而设立的专门立法；二是通过出台竞争法用以规制媒体出现过度集中现象。为维护媒体的多样化和多元化的专门立法，体现的是文化产业的意识形态属性；竞争法则反映出文化产业的经济商业属性。两种立法效果不同，竞争法更倾向于保护消费者个人经济利益，为消费者做出合理消费行为提供价值保障，而专门立法更注重社会公共文化利益。因此，应该注意的是，竞争法防止垄断行为在某种程度上有利于实现和保障媒体多样化和多元化。但是，社会的整体性需求表明，对于民主社会公民的全部需求，竞争法是无法单独实现的。资本的趋利性导致媒体只能为部分人提供信息服务，为有利于资本利益的方面提供便利，而社会需求是满足所有公民的需要，且内容和形式都要保持多样性和多元化。所以，商业市场和社会之间各自发挥的作用不能相互替代。本节将重点探讨文化产业中媒体领域的外资并购专门立法和竞争法规制，并概括两种立法模式间的调整关系。

一、适用专门立法的特殊规则

（一）英国、澳大利亚、美国对媒体集中的规定

对外商投资文化产业领域，英、美等西方发达国家非常重视，尤其是对媒体行业多样化、多元化发展和保障社会言论的自由，重点规制媒体的同平台集中和跨平台集中。媒体同平台集中，如报纸与报纸的并购；媒体跨平台集中，即媒体行业平台之间开展的兼并与收购活动，如广播与杂志的合并。世界上不同国家的行业立法有媒体集中行为的法律规范，比如“澳大利亚广播服务法”、1996年“美国电信法”、2003年“英国通信法”等。

（二）对于媒体集中主要适用的“最少声音规则”和“3选2”规则

从世界上关于媒体集中的立法和具体司法实践来看，主要采用了两种不同的规则模式，即“最少声音规则”和“3选2”规则。媒体同平台集中主要适用“最少声音规则”，政策法规限制特定区域内媒体平台的数量，用以确保地域内有一定数目的媒体自由表达声音。媒体跨平台集中主要适用“3选2”规则，即只承诺报纸、广播、电视三种媒体平台中的两两合并。不同国家的规制展现出不同特色，这也是从中概括出的一般性规则。

二、适用竞争法规则

（一）新西兰竞争法规则

世界上部分国家和政府，并未采用专门的立法和规制模式对外资并购实行媒体集中，而是选择用竞争法模式进行规制。比如新西兰，政府用国内竞争法对外资并购媒体集中予以规制。新西兰情况比较特殊，曾经有专门的政策法规对外资并购媒体集中予以规制，就是1989年制定的“新西兰广播法”。此法废除有关媒体集中的限制，转由1986年颁布的“新西兰商业法”调整，媒体并购需报经国家商业委员会批准。

（二）专门立法与竞争法规制

专门立法和竞争法规制在媒体行业外资并购集中方面，可以说是相得益

彰。不少国家既有专门立法对媒体集中进行管制，也保留有竞争法法则，只是在维护公平竞争上加入了媒体的关联因素。例如2003年英国“通信法”修改了英国2002年“企业法”中企业并购的“公共利益”的规定。2010年“澳大利亚竞争与消费者法案”规定了媒体兼并的考虑因素等。

三、专门立法与竞争法规则的关系

欧盟是世界上主要的发达经济体，相较于其他区域，其各项法律制度完备，但是在对媒体集中规制上态度异常纠结，这也折射出特殊规则与竞争法规则的关系。欧盟曾经计划采用制定专门规定的模式，对进入本区域跨境媒体集中予以规制，但由于困难重重，不得不半途而废。

（一）欧盟规制跨境媒体集中损害媒体多元化问题

20世纪90年代，跨境媒体集中现象突出，严重损害了媒体多元化发展，引起了各欧盟成员国的高度关注，欧盟着手制定解决问题的办法。欧盟发布有关内部市场的多元化和媒体集中“绿皮书”，提出3种假设：在欧洲级别无特别行为；提高成员国国内规制透明度的行为；实行立法统一的行为。之后，欧盟重新修订“绿皮书”，相比自由市场，更加看中规则的一致和协调；补充了社会信息服务方面的内容；把评判市场是否集中的重要指标，由传统的市场占有率改为用户占有率。

1997年欧盟发布相关指令，指出：采用“媒体所有权”，删减“多元化和集中”事项 ，更加关注市场自由化、内部壁垒消除；引进保护条款，各成员国有权行使更加严格的限制措施，可以驱除损害本国媒体多样性的媒体所有权人。这项指令带来了更加严重的问题，保护条款可能绕过指令的规制，依照成员国各自更为严苛的限制政策措施驱逐媒体所有人。

2004年，“欧盟合并条例”明确规定，成员国可以根据本国实际情形，增加一定的限制措施，以保护本国媒体多样性、多元化。有观点认为，欧盟应该放宽对媒体集中的过度限制，可是应当看到，欧盟区域市场狭小，成员国众多，语言众多，这给本区域媒体自由流通带来困难。其后欧盟出台的

"视听媒体服务指令"仅仅规定了欧盟电视节目可以在本区域的自由流动，以维护欧盟关切的重大公共利益，如文化多样性、市场统一性、捍卫少数族群等。

回看欧盟规制媒体集中的历程，就可以发现其围绕选择自由市场还是选择媒体的多元化有不同规定，自由市场一般采用竞争法实现管制，而媒体多元化更看重专门立法的规制。

欧盟内部各成员国之间关系错综复杂，本区域内难以形成统一的规制，自由市场与媒体多元化在调整媒体集中上，并没有明显的界定和界限，各自优、劣势明显，可以作为双方有益补充。

（二）对媒体集中的专门立法和竞争法规制

媒体集中的专门立法的优点是能够给予投资者更加清晰明确的行为指导。缺点在于：一是明确规定也会限制对媒体形式的约束，尤其是新兴媒体平台不断涌现，无法依据经济和大数据技术的进步，迅速达到量化的标准。二是当前现存规则更看重媒体平台的数量和覆盖程度，没有考虑影响力，特别是为公众提供高质量的有影响力的佳作作为考评手段。例如，商业广播大多提供音乐欣赏服务，较少涉及新闻时事，而商业电视台可以提供多种信息服务，有新闻、娱乐、时事评论等；报纸印刷业只能为公众提供静态的新闻信息服务，而互联网平台既能够提供新闻时事信息服务，也能够提供娱乐、历史、军事等不同领域信息服务。不同的媒体平台产生不同的影响力，对媒体多样性和表达自由亦有不同作用。

竞争法规制的缺点主要是没有关注到媒体集中的独特性，审查标准不够明确，依赖个案排查的审查方式，没有给投资者带来明确指引。同时，竞争法的准入门槛过高，一些媒体根本无法达到竞争法所要求的审查标准，这就加速了媒体过度集中现象的出现，媒体多元化面临严峻挑战。

综上所述，专门立法和竞争法都可对媒体集中做出规制，而竞争法成为限制媒体集中的最后"防线"。企业即使达到特别规定的要求，也不一定契合竞争法的规定，依然会受到政府相关部门审查。需要强调的是，审查时还要谨慎考虑媒体及其有关的因素。例如，英国采用的模式是征询英国通信管理局意见，而德国则采用设立媒体集中专职机构并授予其竞争法规制职能的方式。

第三节 文化产业外商投资并购限制的发展变革

一、外商投资并购限制在立法上渐趋自由化

（一）西方国家放宽或取消对媒体集中的限制

自20世纪90年代以来，发达国家对媒体集中的立法限制逐步宽松，修改外商投资并购的立法，降低媒体集中的限制和管制门槛，有的甚至已经取消。下面我们以美、英、澳为例予以详述。

1934年美国颁布“通信法”，建立起美国媒体集中管制的架构，其主要规定有：单一类型媒体拥有电台数量控制在7家以内，国内市场占有率控制在25%以内；有线电视和无线电视牌照最多拥有其一。1970年发布“广播/电视交叉所有权限制令”，禁止有线电视区域内设立无线电视台，禁止广播和电视台进行合并。1975年美国联邦通信委员会禁止报纸媒体在其市场领域内设立广播电台。从20世纪70年代开始，美国联邦通信委员会对媒体集中的管制力度逐步松动，废止了禁止拥有所属广播台的规定。1985年媒体允许拥有电台数量增加到12家。1996年美国“电信法”颁布，废止并代替1934年“通信法”，这标志着美国媒体集中的规制进入一个新时代。该法内容主要有：一是放松商业广播电台用户覆盖率限制；二是废止一家媒体机构拥有电台数量控制在12家以下的规定；三是松绑跨媒体和行业集中限制规定，媒体跨机构、跨行业的合并与并购开始迈入正规；四是广播牌照期限由5年曾至8年。2001年，美国进一步修改和放宽双边垄断规则，准许老牌电视网与较新的电视网络予以合并。2003年，美国联邦通信委员会宣布新的跨媒体集

中规则，希望对广播/电视、广播/报纸之间的跨媒体集中限制进行一定程度的放松，不过被联邦上诉法院驳回。同时也应该看到，由于业界对频谱稀缺的共识，相较于传统印刷媒体，广播、电视、互联网等电子现代媒体承受着更多的限制。

1990年，英国颁布“广播法”，不允许所有权人同时持有市场发行量达到20%的报纸和市场覆盖率达到20%的独立电视台（ITV）。1996年修订“广播法”，限制政策出现松动，允许报纸所有人在只有一个全国性执照范围的前提下，能够拥有15%的电视和商业广播的用户覆盖率。2011年发布的“英国媒体所有权（广播和跨媒体）令”确定了广播和跨媒体的用户覆盖率，废除2003年“通信法”中有关地方商业广播、跨媒体集中和全国媒体对广播所有权的限制。

早在1987年，澳大利亚就严禁新闻出版印刷行业和电子信息技术媒体间的并购和合并。2006年开始媒体改革，允许商业广播电台、电视台和报刊媒体平台间的跨媒体合并。2006年修订“澳大利亚广播服务法”，一是取消商业和付费电视实控人和高管的国籍限制；二是废止关于报纸媒体外国人所有权的限制。随着媒体改革的深入，迎来澳大利亚媒体历史上的大变局：加拿大加西传媒获准拥有十号台近六成的投票权；2009年11月，媒体大亨默多克购入DMG电台五成的股权；美国清晰频道和APN新闻传媒共同持有澳大利亚广播网股权。

（二）探究西方媒体自由化趋势的原因

我们可以看到，部分西方发达国家对媒体集中越发宽松，处理媒体集中规制问题的方式灵活多样，也更加自由。其主要原因可以从以下几个方面予以分析。

1.新自由主义的经济学潮流意义深远

20世纪二三十年代，经济危机大爆发促使西方国家各国政府经济管制政策发生转变，由政府干预主义向新自由主义演变。新自由主义推崇市场主导和配置作用，市场公平自由、市场全能，反对政府干预。至此，西方世界开启公共产品及服务个人私有化和市场自由化的进程。

2.新兴信息科技发展进步影响

20世纪90年代中期，各种新兴半导体、卫星通信、国际互联网等新技术发展，将提供传统媒体服务的企业和机构带入一个新时代。新科技发展进步正在弥补过去媒体技术的缺陷，促使新业态、新平台媒体不断出现，过去牢固的媒体行业堡垒逐渐坍塌。新技术应用日趋深入，传统媒体行业经营开始迈向多元化，媒体融合势在必行。

3.经济全球化与自身利益扩大的影响

伴随企业资本的不断扩张，传媒巨头们开始走出国门，旨在通过将业务扩展到全球，获取更多国际利益。这与政府全球化政策不谋而合，以促进新闻媒体产业的跨国输出为途径，推动其全球化战略，提升国家在国际上的话语权。媒体自身利益扩张和政府的国际化战略需求，进一步推进了跨国媒体的融合。国家开始着手修订媒体产业领域法规政策，放松媒体集中管制。

管制放松后也出现了新的问题。首先，从媒体自身利益上讲，规制自由化导致媒体行业兼并和并购行为不断涌现，促使本行业巨头愈发壮大，垄断现象日益加深，巨头们获取了更多利润。其次，媒体为了迎合现实需要，商业性日渐浓厚，娱乐式软新闻泛滥，社会主流意识被边际化，媒体专业化水平开始受到影响，重复、低俗现象造成资源的流失和媒体品质的下降。当前，自由化倾向引发各界巨大争议，一部分观点认为媒体的集中垄断，导致媒体产品正在变成媒体巨头们的赚钱工具，基本上丧失了维护社会形象、保护公共利益的职责。

二、新媒体兴起加速外商投资并购的趋势

（一）新媒体的兴起和传统媒体的优势

科技的日新月异推动媒体行业不断推陈出新。互联网改变了人们的信息传播方式，催生出一大批新媒体。当前世界上对新媒体概念还没有一个统一的界定，新媒体的兴起是伴随着数字和网络技术不断革新出现的，新媒体就在社会

公众身边，如数字电视、社交网络等。

相比传统媒体，新媒体优势明显，有新技术作为支撑，综合成本更低，应用形式更加灵活多样。新媒体传播变得更加容易，过去传统媒体需要经过信息收集、编辑、印刷、发行等，投入大量人力、物力、财力，而新媒体在互联网、信息技术等改造下，一个现象出现在无线终端，即只需付出较少的网费就能获得信息，运用信息网络进行沟通和交流。在新媒体时代，传统媒体过去那种一点对多点、自上而下、精英阶层对社会大众的线性传播方式正在被社会抛弃，多点对多点的传播越来越受到人们青睐，任何人都可以传播和接受信息，信息传播量大增，传播内容也日渐个性化、实时化。

（二）新媒体兴起对传统媒体的冲击

新媒体的出现，为媒体的多元化发展和言论自由表达都产生了推动作用。首先，其积极意义是，人们可以获取海量信息，信息传播速度加快。通过网络信息技术实现了全球互联，大大超出传统媒体的覆盖范围，网络空间向外拓展，不断与现实社会深度相融，网络言行延伸到现实世界，人们可以在网络上充分表达自己的观点和主张。新媒体的即时性完全得到发挥，人们的各种观点得以迅速发送、汇聚、传播，充分反映出价值观的多元化。其次，其消极影响是，虽然呈现出信息多样化和表达方式的多元化，但是信息品质却难以保证，人们将花更多的时间成本去辨别信息真伪，这就挤占了大量的互联网空间。另外，海量信息也增加了人们获取不同信息的难度。网络上信息传播的低成本性和匿名性，致使传播主体的责任意识薄弱，其结果是造成监管的困难。

新媒体的发展使互联网融合了广播、电视等功能，使传统媒体间的行业边界变得模糊，甚至模糊了国家之间、群体之间、产业之间的界限，由此导致权威声音的力量越来越弱，也使得监管方式和管理体制受到严峻的挑战。新媒体兴起是促进媒体集中的主要因素。部分新媒体业态可以说是媒体不断融合的产物，例如各种网络电视和网络报刊，就是电视报刊与互联网深度融合的产物。媒体产业是与社会舆论和人民大众密切相关的产业，要想赶上社会发展的步伐，就必须充分利用现代科技成果，延伸产业链，以满足人们不断增长的高质量信息需求。由于新媒体有强大的新技术支撑，传统媒体不得不将新媒体吸纳进来，这从深层次反映出媒体产业谋求突破和创新的内生力。

欧盟不断开展媒体多样性研究，后来在监管领域引进媒体多样性监测系统，评估媒体多样化的潜在风险。目前，网络信息技术的突飞猛进正在影响着视听行业的发展，促进传统影院、电视直播和新兴视频点播、网络电视等视听媒体融合发展，模糊了线性和非线性视听媒体界限。因此，欧盟决定重新评估2010年发布的“欧盟视听媒体服务指令”的时效性，认为新兴媒体应当与传统媒体享有平等的市场竞争地位，一并纳入监管范围。

美国联邦通信委员会曾提议，重新审视和修订1992年颁布的相关法律，明确无线网络电视等新兴媒体和传统的有线电视、卫星电视媒体在市场竞争中的同等地位。美国在线和时代华纳合并对业界产生了深远影响，体现出新媒体和传统媒体的相互融合。美国在线是著名的国际互联网服务提供商，时代华纳是拥有出版、影视内容的跨国媒体，新成立的集团优势地位明显，可能会采用限制竞争对手的方式，以使用美国在线的传播设施和时代华纳提供的内容谋取竞争对手的利益。虽然这个传统媒体与新媒体合并的特殊案例通过了监管部门审查，但是也附加了前提条款，即其在公平的条件下允许竞争对手自由进入合并公司的主要业务范围。美国联邦贸易委员会要求时代华纳，应当公平地提供有线电视传输服务，即使是向其网络服务和数字电视业务上的竞争对手提供。同时，美国联邦通信委员会也明确要求时代华纳正常情况下允许竞争对手的ISP接入有限电视网。

我国相关部门通过研究得出结论，互联网电视传播特色符合传统广播电视的传播特征，应将其归入广播电视的统一监管范围中。我国互联网电视企业进行内容的集成需要获得牌照，实行行政许可制度，其他主体无权进入该领域。目前拥有牌照的是：中国网络电视台、华数、中国国际广播电台、湖南电视台等媒体平台。

总之，目前新的信息技术的不断革新，促使媒体新业态不断涌现，新媒体的出现和发展壮大，又加快了媒体行业间的融合，不断冲击现有媒体集中架构，一些国家开始慢慢突破“3选2”的规制，不过应该看出，当今世界互联网信息技术高速发展，在满足媒体多样性的过程中依然发挥了很大作用。

7

深圳外商投资文化产业的法律保障

>>>

深圳外商投资文化产业离不开法治保障，离不开国家对整体文化产业发展的法治保障环境。因此，深圳文化产业的法治化是其健康发展的前提和基础。

当前，借助现代网络和多媒体的高普及率及快速传播，处于终端的文化产品制造者迅速将产品发散式传播，这种传播通常在地理概念上是跨地域的，这样，文化产品的制作者本身所具备的文化特性被不同的受众所分享，从而促进了不同特色文化间的互动与交流，使文化的趋同成为可能。

西方国家尤其是美国，以其高度发达的文化产业在全球形成一种十分强势的文化，在其背后，存在着大量促使文化产业持续健康发展的法律规范体系。两者的结合作为一种强势文化输出，在当前全球化大潮的带动下在世界范围内蔓延，所到之处，必然会对当地的文化与意识形态产生影响。从促进深圳文化再发展及保护优秀传统文化的角度出发，我们要充分利用自身独特的文化产业优势，然后辅之以健全的法律法规体系，在加强文化产业领域立法的同时，推行文化法治的观念，为深圳文化产业的健康发展提供全面的法律保障。

第一节 完善政府职能，创新政府法治管理模式

一、文化产业治理体系现代化的法治要求

党的十九大报告指出，经过长期的努力，中国特色社会主义进入新时代，这也是我国发展的新的历史方向。党的十九大报告提出，新时代中国特

色社会主义思想这个命题，其主要内容包括“八个明确”[①]，其中，明确推进全面依法治国总目标是建设中国特色社会主义法治体系、建设社会主义法治国家。

（一）树立文化法律法规建设人权理念

公民的基本人权包括经济权利、政治权利和文化权利等。一定要像尊重人的经济权利和政治权利一样，尊重和实现人的文化权利。早在1997年10月27日，中国政府就正式签署了《经济、社会及文化权利国际公约》，并于1998年10月签署了《公民权利与政治权利国际公约》，表明我国对公民权利的基本原则和国际标准的认可；2001年2月28日，第九届全国人大常委会第二十次会议批准《经济、社会及文化权利国际公约》，并使之成为中国的法律文件，表明我们党和政府正式向世界承诺，已经将实现人的各方面权利作为发展目标。通过法治来保障人的基本文化权利也是世界各国文化建设和文化政策的普遍做法。所以，要推动社会主义文化建设和实现中国公民的文化权利，就要求在文化立法和执法中，将实现人的文化权利作为文化法律建设的立足点和出发点，围绕人的文化权利实现来制定相关的法律法规，为文化建设和发展提供法律支撑。

（二）推进文化法律法规的体系化建设

近年来，国家有关部门和各地方行政机构以部门规章或地方性法规的形式制定了大量具体性的文化规章和法规，但从文化领域实际的发展来看，深圳的文化法治仍然还很薄弱。

一是有关文化的顶层法律法规不健全，只有宏观的指导和政策规划，缺少具有可操作性、指导性和效力层级较高的法律法规，常常导致文化领域面对很多现实问题时无所适从，只能依靠政府的临时性行政干预。但行政干预管理无法完全实现科学化和民主化，其中的一个重要弊端就是文化管理执法透明度较低，主观随意性比较大。

---

① 刘江，张旭东，黄全权.十九大报告的新思想、新论断、新提法、新举措［EB/OL］.新华网，2017-10-19.

二是大多已有的法律法规缺乏完整的体系，零散地分布于一些单项的规章和文件中，导致不同部门的文化法律法规不能有效衔接，文化管理领域出现分业管理、交叉管理、标准不一等现象。

三是法治建设立足点是为了满足人民群众日益增长的文化生活需要，文化法律法规应以保护人民的文化权利作为根本宗旨。但当前在文化法治建设的实践中，一般把文化法律法规仅仅看作行政管理法规，把文化法治建设的基本点放在文化行政管理上，使得文化建设被赋予浓厚的政治色彩，重视了文化建设中的控制与管理，却忽视了文化发展的目标和价值，非常不利于激发文化产业的活力。

所以，要实现传统的行政色彩浓厚的文化管理体制和人治向服务型现代治理方式和法治方向转变，必须具有一整套系统而全面的法律法规作为保障。这就要求，深圳的文化法律法规建设必须加强顶层设计，厘清文化建设中的重大问题，制定全市文化建设的统一要求和标准。在此基础上，对文化建设中各类各级主体的责任及权利进行详细规定，形成体系运作的具体程序与规则，让各级文化部门有抓手。

（三）保持法律法规与党的规章相统一

我国受过去计划经济体制的影响，在文化领域，实行党委宣传系统领导文化机构工作的管理体制。一方面导致我国文化机构的工作向行政化倾向严重，工作束手束脚，特别是在党的规章和法律法规的双重规定下，显得无所适从；另一方面导致了我国文化内容过于枯燥，文化领域意识形态色彩过于浓重，文化创新动力不足等问题较为突出。那么，面对文化改革与建设的新形势，如何做到党的规章与法律法规协调统一，是推进文化治理体系和治理方式现代化急需解决的突出问题。

二、政府文化管理机构设置的法治化要求

要实现政府文化管理行为法治化，政府文化管理机构的设置是其重要内容。政府管理以机构为物质载体，管理是机构所做出的行政行为的总称，政府

文化管理机构的合理设置，是实现政府文化管理法治化的前提与条件。机构的设立要遵循以下几个原则，避免随意性与盲目性。

（一）法律原则

宪法和政府组织法对政府机构的职权、编制、组织结构、领导制度等都有明确规定。由于各部门的情况极其复杂，宪法和政府组织法不可能包括全部内容，常常会授权各级权力机关和行政机关根据工作需要设置一些部门。但实际执行这一授权时，通常容易产生一些任意增设机构的问题。因此，除了宪法和政府组织法等基本法律之外，各级权力机关和行政机关还必须根据本地区、本部门的情况制定一些较为具体的政策法规，使政府机构的设置和职能从上到下形成一个严密的法治体系。其中包括两个方面的含义：一是严格按照法定程序管理机构，由有权变更、撤销、设置机构的机关，在其职权范围内审查批准机构的调整或精简，防止政府机构设置的频繁变动与主观随意性，防止上级部门的任意干预。二是明确规定政府机构的工作程序、职权范围、设置数量、人员编制、行为规范，使政府机构设置法定化。

（二）精简原则

按照统一、精简、效能的原则，政府机构应尽量精简化，减少层次，从而减少内耗、增大整体效能。宪法和政府组织法都明确了精简原则，历次机构改革也都把其作为一项基本原则。所谓精简，并不是机构越少越好，而是要精干。层次繁多、机构庞大，必然导致效率低下、交叉扯皮、办事拖拉、运转停滞，而且容易使政府工作人员滋长官僚主义作风，对工作不负责任。因此，设置政府机构一定要做到层次减少，精干简化，可要可不要的机构，坚决撤销；一个层次能办的事，绝不设两个层次去办；一个机构能办的事，绝不设两个机构去办。统一并不意味着左右一致、上下对口，而是要协调一致。在单一制国家中，从中央到地方各级政府机构在管理制度、行政目标和性质上必须统一。如果没有从上到下统一完整的政府机构体系和统一指挥、统一领导、统一管理的行政制度，行政目标就无法实现，行政权力就无法有效行使，行政职能就无法发挥。效能是指机构的整体效能。政府的机构设置必须以履行政府的职能为前提，政府的整体是由各个工作机构构成的，但政府的整体功能并不是各个职能部门功能的简单相加，而是应该按照科学系统的要求，实现“整体大于部分之和”的目标。因此，设置文化产业机构时，应着眼政府系统，整体运行，综合考虑。

（三）目标管理原则

按照党和国家发展的总体目标，确定精简目标，机构总量及机构布局结构控制在目标规定的范围之内，制定相应的法律法规和有效的方法措施。所谓目标管理原指围绕确定的目标和实现目标开展的一系列活动。从机构精简的角度来说，一是将机构总量和机构布局结构控制在目标规定的范围之内；二是深圳应根据党和国家关于社会文化产业和各项事业发展的总目标、总任务的需要，确定精简目标；三是合理设计文化产业机构精简方案，研究哪些机构撤销，哪些机构保留，哪些机构合并等，论证必要性和可行性；四是制定切实有效的措施，包括制定与文化产业相关的法律法规，巩固精简的成果，保证改革后不出现反弹。

（四）政府机构设置程序原则

政府机构设置须遵循法律规定的程序，由法律来规定，根据精简决定和工作需要设立的机构，不能轻易改动。应该设立哪些行政机构，不应该设立哪些行政机构，应该发展和加强哪些行政机构，应该撤销或压缩哪些行政机构，都必须根据政府在不同历史时期所肩负的职责任务来确定，而且必须随着国家政治、社会、经济和文化发展的情况及时做出调整和改革。由于机构调整和设置涉及权力和利益的再分配，通常来说，根据工作需要设置政府机构是容易做到的，然而改革或撤销不适应客观需要的政府机构，就会有很多困难。因此，在宪法和政府组织法中明确了根据工作需要设置机构的原则。

（五）因地因时制宜的原则

现代管理科学要求组织机构具有伸缩性、适应性和应变性，强调政府行政体系具有开放性。所以，政府机构的设置，要根据国家或本地社会发展变化，政治、经济的需要，适时地进行精简和调整。政府的机构设置要按照法治化的要求，规定政府文化管理机构的设置，这也是实现政府文化管理行为法治化的有效措施。实践证明，由党中央、国务院统一规定地方各级政府工作部门的设置限额，对于从宏观上控制政府机构的总体规模，完成某一特定时期的机构精简任务，具有一定的积极作用。随着市场经济体制逐渐建立，政府职能转变逐步到位，对政府文化管理机构设置提出了更高的法治化要求。因为现有的政府文化管理机构设置的法治化还不够健全，相关的政策措施也不配套，控制机构设置总量的问题并没有得到解决。所以，深圳需要进一步按照法治化的要求，规定机构限额，使之规范化和制度化。同时，按法治化要求规范必设机构。规范必设机构，不仅有利于政府在履行文化管理基本职能方面保持一致，还可以促进上下对口部门的政令畅通和工作衔接，有利于从宏观上控制机构膨胀，实现机构高效、精简、合乎法治化的要求。

三、深圳文化建设法治化的困境与破局

深圳文化建设法治化既是建设文化强国的重要保障，也是文化繁荣发展的内在要求，更是维护人民切身利益的重要途径。所以，推进深圳文化建设，必须要加强法治化建设。推动文化建设法治化，要健全完善相关文化领域的制度、创新文化立法管理理念、加强文化法治化宣传教育力度。

（一）文化建设法治化的当代价值

1.文化建设法治化是建设文化强国的重要保障

当前，中华民族正处于走向伟大复兴的关键时期，而文化在综合国力竞争中的作用也越发重要。文化产业的兴盛是整个民族凝聚力和创造力的重要源泉，无论是在文化法治化的实践过程中，还是在扩大开放、深化改革的攻坚时期，文化一直都是政治经济发展的重要支撑。文化建设法治化为国家文化发展目标的实现提供了一套规范的制度，解决了发展过程中的根本性问题。

2. 文化建设法治化是我国文化繁荣发展的内在要求

在新时代中国特色社会主义时代背景下，文化主体日渐多元化，有关文化的产品及渠道也丰富多样，这就突出了法治对文化建设的作用。所以，深圳文化建设法治化的发展方向必然要以深圳建设发展的大方向为指向标，其核心价值观也要遵从我国的法律法规。在文化产业以及文化产品销售、创作、消费等方面，国家必然要对其进行监督管理，对深圳文化产业的管理引导要做到有法可依、依法行政。

3. 文化建设法治化是维护人民切身文化利益的重要途径

当前，人民群众对自身文化权利的保护以及实现方面还存在以下几个问题：一是地域之间存在着文化发展的差距；二是文化管理方面的立法力度薄弱，且立法迟滞，文化服务与保障方面的法律法规不多；三是人民文化权益保障力度较低，对自身文化权利保障方法的认知较少；四是文化发展与经济发展速度难以持平，公共服务文化资源短缺。只有提高深圳人民群众对切身利益的认识，并通过相应的法律进行保障，才能提升深圳文化建设法治化水平。

4. 文化建设法治化是中国特色社会主义法律体系建设的重点

伴随着中国特色社会主义法律体系的形成与发展，深圳政治、经济、文化等领域，已经基本实现了有法可依，但在实践过程中，还需要进一步加强有关文化建设的立法力度，完善深圳文化建设方面的法律制度和中国特色社会主义法律体系。

（二）当前我国文化建设法治化面临的现实困境

1. 文化立法中管理与服务分配不均

我国现阶段文化产业的法律法规多重视监督规范等行政管理，对文化的发展和促进重视不足，还没有把保障人民的文化权利以及建设完善的服务型管理体系充分体现出来，所以，服务型的法律法规就显得不足，文化产业出现重行政轻服务的情况。

2. 文化立法层级低，部门化现象较为凸显

当前，电视节目、广播节目等领域，大多通过行政法规进行管理，而网

络、公共文化设施等领域，则大多依靠规范性文件和规章制度进行管理。由此可见，现有的与文化相关的法律法规层级并不能和我国现在的经济发展状况相匹配，也无法满足对外开放的要求。

3.文化法律体系的健全还需要进一步探索

当前深圳的文化法律体系已基本建立，主要以宪法为核心，以现有法律为基础，以各种行政法规、地方性法规作为补充。但是，当前我国文化法律体系仍比较薄弱。在我国，对艺术文化产业、社团文化等进行规范管理的规定较少，对文化事业的功能缺乏定位。虽然之前出台过与文化产业发展相关的法律条文，但在日益多元化发展的文化产业面前，仍然显得有些乏力。

4.文化建设法治化尚未深入人心，当务之急是增强人们的文化法治意识

当前，人们不只关心公共权益和切身利益，还将更多的精力放在文化权益上。然而，现在我国一些地方的文化建设法治化宣传教育只讲究形式，不重视实效，对文化建设法治化深层次含义的探究和理解比较缺乏，对于思维转化和精神渗透也是泛泛而谈，导致一部分人对于自身拥有的文化权利仍然懵懵懂懂，文化建设法治化进程仍处于被动局面。

（三）文化建设法治化的实现路径

1.加强文化建设法治化宣传教育力度

第一，要促进教育理念和文化建设法治化宣传的融合。第二，要促进行政管理与文化建设法治化宣传的融合。通过有效的宣传方法，让深圳行政管理者和人民深刻理解文化建设法治化的重要性，使人民群众可以对行政管理者进行有效监督。第三，要促进人民切身利益和文化建设法治化宣传的有机融合。

2.创新文化立法理念

要对文化立法理念进行更新，深刻认知文化立法工作的重要性和紧迫性。还要通过法定程序进行规范化，制定出一系列有关文化的法律法规。并且要注重文化立法的后期完善，依照科学的原则，通过民主性的实施办法，增强深圳

人民群众对自身文化权益以及文化立法的重视，使人民群众深刻认识到文化立法是对其文化权益的保障与维护。在对人民群众参与文化立法进行引导时，要充分体现自发性和群众性，通过群众性质的理念进行科学性的剖析，从而构建一套能够体现深圳特色、层次分明的文化法律体系。

3. 健全完善相关文化领域制度

一是要加快深圳文化体制方面的改革。首先要深化改革，通过立法对外商投资文化产业进行规范以及创新管理体系。其次要通过完善的立法促进深圳外商投资文化产业的创新与改革。

二是要加强深圳文化产业发展质量方面的立法工作。要加速对文化产业相关法律的制定，依法进行合理的整理和划分。

三是要加强深圳外商投资文化产业文化建设管理。首先，要明确法律对于实施对象的针对性以及适应性，并且将其整合归纳为相应的管理方案；其次，要充分了解深圳外商投资文化产业管理方面的缺陷，及时出台有关外商投资文化产业服务和表现形式的法律法规。

四是要加强深圳社会公共文化服务方面的法律建设。政府要对公益文化单位的职责、属性、权利义务等进行严格的规范与管理，并在此基础上，加强建设公益文化服务运行机制，提升法律对公共文化服务的保障作用。

第二节 运用法治思维，对深圳文化管理体制进行改革

一、政府文化体制管理的宏观调控

深圳必须在依法治国、建设社会主义法治化国家的前提下，实现政府文化管理的宏观调控。从深圳的实际情况出发，立足于中国社会主义初级阶段

的基本国情，在党的领导下有计划、有秩序地进行文化管理体制改革。第一，人民是依法治国的主体，国家一切权力属于人民。第二，理顺中央与地方的立法权限，改革现行的立法体制，完善当前立法中的部门利益导向的做法，形成中国特色社会主义法律体系。第三，建设社会主义法治国家，是经济体制和上层建筑的根本变革。所以，观念的变革十分重要。我们必须摒弃过时的人治思想，树立新时代法治观念，分清以契约为核心的法律平等和以身份为核心的等级特权的界限，分清权力支配法律与法律支配权力的界限。宪法与法律在国家生活领域应具有至高无上的权威。第四，坚持和完善人民代表大会制度的政体和人民民主专政的国体，不照搬西方政治制度模式。第五，宪法和法律成为国家的活动准则。深圳公职人员在履行工作职能时必须严格依法办事，坚持合法性原则。法律面前人人平等，一切社会关系的参加者都要实行普遍守法原则。政府领导者也必须坚持在宪法、法律范围内活动的理念。

深圳在依法的基础上，要加强政府文化管理的宏观调控，在文化管理体制上应进行以下改革。

（一）引入竞争，完善从业制度

深圳要引入竞争机制，逐步放松外商投资文化产业方面的限制。文化艺术工作者就业与文化艺术单位用人一律通过人才市场公开竞争招聘，实行就业人员与用人单位双向自由选择。废除文化艺术从业者的单位“终身制”，逐步形成文化艺术人才合理流动机制。建立和完善文化艺术从业人员社会保障制度，并逐步与整个社会劳动保障制度衔接。就整个文化领域就业基本格局来说，要废除文化从业者全部为终身制的单一格局，形成包括文化艺术自由职业者、少数公职人员，兼职文化艺术工作者等在内的从业新格局。

（二）优化机构，转变管理职能

深圳以减少直接控制和加强宏观管理为原则，优化机构，转变管理职能，明确界定政府文化管理部门与文化组织团体、基层文化单位的职能。由直接管理为主转向间接管理为主，由微观管理为主转为宏观管理为主，由具体地“办文化”转为间接地“管文化”。政府应从对基层文化单位的财务、人事、业务等具体管理中解脱出来，运用文化法规、文化政策与文化经费，就对外文化交流事业与文化艺术进行调控，充分发挥政府应当发挥的导向作用，集中精力考虑事关深圳文化产业发展的大计方针，真正实现“政事”分开运行。

（三）加强立法，丰富管理手段

深圳政府对文化事业的管理，由直接管理为主转向间接管理为主，相应的管理机制也由单一行政手段转为法律、行政、经济等多种管理手段并行的综合管理机制。文化产业中的利益关系和重大问题，如文化企事业单位和文化组织社团的文化经营方向，不同类型文化事业单位组织形式、文化企事业单位同其他经济组织、社会团体之间的利益协调，文化市场的管理、文化艺术工作正当权益的保证等，都必须通过法治手段予以规范、调整和管理。

二、改革文化体制，激发文化精气神

深圳的发展如同一部传奇，镌刻在中国改革开放的壮美画卷之中。深圳文化产业的改革创新，从改革开放史诗般的历程中汲取丰富的养分。放眼深圳，必将看到与众不同、绚烂多彩的文化绽放画面。

（一）文化的繁荣兴盛，离不开文化体制改革的持续推进

习近平总书记指出：“文化是一个国家、一个民族的灵魂。文化兴国运兴，文化强民族强。”他强调，“要深化文化体制改革，完善文化管理体制，加快构建把社会效益放在首位、社会效益和经济效益相统一的体制机制”。在2018年8月召开的全国宣传思想工作会议上，习近平总书记再次强调，“要坚定不移地将文化体制改革引向深入，不断激发文化创新创造活力”。

深圳是中国文化体制改革的先锋城市，在文化产业改革创新的道路上敢闯敢试，以创新谋发展，以改革补短板。自2015年以来，在市委市政府的领导下，深圳文化系统以《深圳文化创新发展2020（实施方案）》为抓手，采取一

系列改革实际创新举措，补齐短板，攻坚克难，在许多重点改革领域取得突破，不断满足市民对美好文化生活的向往，激发城市文化的精气神，推动深圳建设国际文化创意先锋城市和全球区域文化中心城市。

（二）改革如“杠杆”，撬动公共文化服务提质增效

2018年7月18日，深圳书城龙岗城在第28届全国图书交易博览会开幕的前一天正式开业，深圳迎来了第五座书城。智慧型书城里，有机器人导购、“无人”书店、3D智能导航系统……居民如潮水般地涌进书城，当晚，书香广场的读书活动现场更是座无虚席，由此可见人们对这座现代书城的喜爱。

深圳的确是一座重视阅读和文化的城市。这座城市，把最好的地方都给了书城，体现了深圳决策者的格局与视野，彰显了一座城市的远大抱负。挖掘深圳书业繁荣发展背后的根源，正是如“杠杆”般的创新改革，撬动了深圳公共文化服务的高质量发展。公共书业的发展，带动了整个城市书业的整体繁荣。在实体书店普遍受网络书店冲击的大背景下，深圳可以说是“风景这边独好”。

深圳推进建设集普法教育、科学普及、文化宣传、党员教育、体育健身等多功能于一体的基层综合文化服务中心，改革正增加公共文化设施的建设力度。改革就像一股“清泉”，滋润着文艺精品缤纷绽放，催生出更多精品力作。对于文艺创作主体来说，就是要坚守艺术理想，志存高远，厚积而薄发；对党委和政府而言，就是要铺路架桥、优化服务，形成支持文艺、关心文艺、重视文艺、推动文艺的良好环境。深圳不但有“影视工程”“音乐工程”“美术工程”“文学工程”，每年还要举办全市文艺精品创作座谈会，策划出一大批优秀文艺项目。深圳在扶持文艺精品创作的过程中，不论投资主体还是投资规模，在扶持政策上都一视同仁。从扶持措施、资金保障、项目规划、题材策划，到精品项目吸引社会力量参与、建立艺术家工作室，不断完善催生文艺精品的体制机制。

文化产业不改没有出路，改了没有退路，迟改没有新路。多年来，深圳市委市政府多次召开专题工作座谈会、推进会，推动深圳报业、广电、出版发行

三大集团制定深化改革总体方案，加快其转型发展、融合发展、创新发展。改革如同“引擎”，驱动文化创意产业走质量型内涵式发展。

（三）自觉坚定文化自信，深化文化体制改革

坚定中国特色社会主义道路自信、理论自信、制度自信，说到底就是要坚持文化自信。深圳要深入学习习近平总书记关于文化建设的重要论述，深刻领会中国特色社会主义文化的基本内涵，深刻认识文化体制改革对坚定文化自信的基石作用，清醒把握深化文化体制改革的根本方向，这对于深圳在新时代不断筑牢文化自信之基、进一步把文化体制改革引向深入具有重大意义。

只有深刻认识中国特色社会主义文化的基本属性，才能深刻理解文化体制改革的重要意义。中国特色社会主义文化的基本属性应至少包括以下四个方面的特征：一是鲜明的继承性。中国共产党人始终是中国优秀传统文化的弘扬者和忠实继承者，中国革命、建设、改革的伟大实践，使中华民族焕发出勃勃生机，让中华文明在现代化进程中焕发出新的绚丽光彩。这种伟大实践本身也孕育了绚丽多彩的革命文化和社会主义先进文化，是对中华民族优秀的传统文化的弘扬与继承。二是鲜明的实践性。中国特色社会主义伟大实践为发展新时代中国特色社会主义文化产业提供了坚实基础，新时代中国特色社会主义文化产业的发展为坚持和发展中国特色社会主义提供了精神支撑。三是鲜明的意识形态属性。新时代中国特色社会主义文化自信来源于对中国特色社会主义道路的正确选择，以及对新时代中国特色社会主义理论体系和制度体系内容的准确把握。作为新时代中国特色社会主义文化的鲜明标识，制度、价值观等都具有强烈的意识形态属性。四是鲜明的人民性。人民立场是中国共产党的根本政治立场。坚持以人民为中心，把是否满足人民群众精神文化需求作为文化工作的出发点和落脚点，把人民群众作为文化表现的主体，把人民群众作为文化审美的评判者和鉴赏家，把为人民服务作为文化工作者的天职。

习近平总书记在庆祝改革开放40周年大会上着重指出，“改什么、怎么改必须以是否符合完善和发展中国特色社会主义制度、推进国家治理体系和治理

能力现代化的总目标为根本尺度，该改的、能改的我们坚决改，不该改的、不能改的坚决不改”。在深化文化体制改革的实践中，深圳应以此为引领，在深刻认识新时代中国特色社会主义文化基本属性的基础上，切实把握深化文化体制改革的基本原则。

深圳深化文化体制改革，要广泛吸纳、融汇一切外来优秀文化成果。习近平总书记曾指出，我们强调弘扬社会主义核心价值观，继承和发扬中华民族优秀传统文化，坚持和弘扬中国精神，并不排斥学习借鉴世界优秀文化成果。任何一种文化都不可能与世隔绝，都不能故步自封，都需要从其他文化中汲取养分。以什么样的态度对待外来文化，考验着一个城市的文化自信。深圳越是自信，就越能够以积极的态度对待外来文化、对待外商投资文化产业，越能够在同外来文化的交流互动中得到丰富与发展。

三、深圳文化体制改革趋势展望

未来文化体制改革，深圳依然拥有一定的改革内容和调整空间，我们要运用法治思维，继续通过政策工具与组织结构创新，沿着新时代中国特色社会主义道路，进一步增强深圳文化软实力，把完善公共文化政策和城市文化建设作为努力方向。

（一）用新理念构建深圳文化体制改革新范式

媒介的变革以互联网为核心，正在不断渗透当代社会、经济和文化，成为网络社会崛起的重要推动力量。网络社会的崛起使社会扁平化结构逐步形成，文化生产、传播、消费的内容、方式不断变化，给深圳文化改革提出新的诉求。数字技术彻底重塑文化生态，打破传统的文化内容生产、传播、消费的边界，技术不仅仅体现为一种手段支撑，更是一种新生态的文化内涵。

和文化生态的革命相比较，政府管理的理念、思路与模式出现了一种代际偏离，政府传统管理出现了“结构性”失效问题，也出现了管理产业的非线性生态与线性思维之间的矛盾、互联网文化内容发展的超前性与管理的滞后性之间的矛盾。矛盾具体表现在：一是原有部分政策、规定已经不能适应发展变化的新情况，现有管理部门无法提供权威而系统的政策和法律体系，有的只是一些不具备强制执行性质的规范性文件和不太完善的部门规章，远远不能满足文化产业发展的需要。二是网络内容生产、传播领域出现许多新问题，还没有具体监管政策、规定出台。当前互联网文化内容管理处于个人用户、政府、企业三方博弈的状态，所以，深圳要构建更加多元的包容共治模式，激发创意者创作高质高量内容产品，努力、自觉寻求技术驱动中文化价值和商业价值的统一。

（二）以综合性文化管理机构重组实现职能整合完善

社会进入信息化时代以来，文化与媒介、产业等融合趋势越来越明显，文化发展呈现出跨界与融合的新特征，文化管理也逐步走向融合性规制的思路，文化大部制也是很多国家文化管理实践的趋势。

将来怎样合理设置管理机构，更好地完善文化管理部门职能，还需要我们进一步改变认识、解放思想，整合文化职能以设置更加综合的文化管理机构。党的十九大提出要进一步深化党和国家机构改革。在文化管理领域，组建文化和旅游部，国家新闻出版广电总局的新闻出版管理职责划入中央宣传部，组建国家广播电视总局，组建中央广播电视总台，在机构设置优化上推进了一大步。进一步弘扬了时代主旋律，强化了文化的引领作用，为中华民族伟大复兴提供更大的精神力量。

将来，深圳可以借鉴加拿大、英国等国家文化管理模式，从优化职能角度进一步整合机构，保障国家意识形态安全，实现公共服务、主流价值引领、产业发展更加顺畅，更好地把握市场规律和产业新生态，实现文化综合性管理。

（三）以文化基本法立法深化文化治理与管理方式变革

深圳文化治理实现的一个基本前提是文化管理要从传统的依靠行政手段为主，逐渐走向依法管理为主，多种手段并用。我国文化建设长期形成的思维惯性和管理实践，导致相关工作更多的还是依赖行政手段。在新生文化业态特别是各类互联网内容的管理中，用传统管理方法通常很难奏效，容易成为矛盾和争议较多的领域，管理矛盾进一步凸显文化立法的紧迫性。文化立法的滞后使其无法与政府的改革目标相一致，也无法与实现国家治理能力和治理体系现代化相适应。

近年来，我国文化立法节奏明显加快。在文化体制改革不断深化的过程中，深圳还需要进一步创新公共文化机构模式以深化文化服务社会化。现代公共文化服务的实现是一个开放体系，是在市场经济体制中存在的一种公共品供给领域，美术馆、博物馆、图书馆等领域都有社会资本介入，虽然文化馆领域还比较少，但这只是就传统的文化服务机构而言的，实践中很多新型文化空间和场所有不少社会资本介入。传统形态的公共文化机构也可以就机构模式进行创新。通过模式创新，能够更好地保障弘扬主旋律与实现文化民主，实质性推动现代公共文化服务的全面社会化，更好地激发全社会文化创造活力。

第三节　发挥深圳立法的优势，构建法律激励模式

一、中国文化产业的立法现状

文化市场发展促进深圳文化产业的蓬勃兴起。近年来，为了规制文化行为，深圳加快了文化产业的立法工作。国家相关机构借助于立法方式，对文化事务进行相应规制与管理，形成以文化管理为核心的法律法规、制度章程等，同时以文化立法作为着力点，调整文化市场中的各类关系，促进文化行为的合理化、有序化、合法化，为保障大众文化权益提供法规前提与法理基础，推进深圳文化产业的健康发展。

（一）国家及地方文化立法现状及内容分类

现阶段，我国文化产业相关法律主要集中于电影、广告、图书、报刊

等方面。随着文化产业经济市值的增加及其快速发展，为进一步规范文化产业发展中的各项行为，引导文化市场主体有序参与到文化市场的交易之中，必须推进文化产业领域相关立法工作。2018年3月，全国人大常委会的五年立法规划当中建议增加《中华人民共和国文化产业促进法》；2019年6月，国家文化和旅游部对《文化产业促进法（草案征求意见稿）》（以下简称草案征求意见稿）公开征求意见。草案征求意见稿指出，国家将促进文化产业发展纳入国民经济和社会发展规划，并制定促进文化产业发展的专项规划，发布文化产业发展指导目录，促进文化产业结构调整和布局优化。

（二）深圳文化立法的实际效果与司法实践现状

深圳文化市场的法治化进程还需要继续推进，深圳文化市场相关领域构筑的法律体系仍亟须进一步健全。从立法成果和理论研究来看，我国文化法律法规尚显不足。国内学术界对于文化资本市场的相关法治问题研究略显单薄，文化领域现有法律法规更新速度也比较缓慢。随着我国市场经济的快速发展，文化产品消费的体量逐步扩大，文化资本日益活跃，特别是电视剧、电影、综艺等文化产业聚集的资本市场，经过多年的发展已具备较大规模，而现有的法律法规更新速度较为缓慢，有效解决新问题和适应新形势的能力显得不足，文化立法各个环节的系统性也有待加强。文化市场涉及的文化产业种类较多，文化立法规制的内容比较庞杂，目前我国文化立法工作在文化产业的不同领域衔接性不高，立法内容存在漏洞或重叠。

1.文化立法理念错位，立法盲点较多

在针对文化市场的规制过程中，当前文化立法仍未在真正意义上发挥“市场”的作用，更着重进行文化管理限制，更强调违法处罚规定及文化活动中的义务，而忽视了对文化立法授权（或确权）及资本主体经营权、自主权的释明，保障和服务能力不强。近几年来，直播产业、动漫产业、游戏产业等新兴文化产业兴起，这些领域还没有针对性的精准立法，导致各种问题及社会冲突的出现。因为缺乏对文化资本运作方式的必要规范，导致一部分文化资本流失的同时，也助长了一些不正当行为。

2. 文化立法层级较低、严密性不足

我国已初步形成了文化市场的法律体系，但是从立法权威性来看，多数立法行为法律效力有限，行政机构出台的政策或行政法规无法满足文化市场和文化资本管理的需求。文化资本作为一种资源，是国民经济产业结构的重要组成部分。就文化资本所具有的特殊性来说，在立法环节，不应仅仅从部门法规层面开展立法工作，而应由全国人民代表大会这一最高立法机构进行顶层设计，提升立法层级，有效增强立法工作的权威性、严密性和广泛性。

二、加强深圳文化立法的重要性

（一）加强文化立法是深化深圳文化体制改革的必然要求

文化体制改革是社会转型期的新事物，同时又是文化建设领域的深刻变革。深圳要深入推进文化体制改革，有许多问题需要通过法律手段才能有效解决，我们要充分发挥法律制度的规范、保障、促进作用，通过成熟而完善的文化法律法规体系，规范文化行为，澄清模糊认识，调动各方面的积极性，解放和发展文化生产力。实现路径一是要通过立法，构建深圳现代文化市场体系，建立健全文化产业相关法律制度。二是要通过立法来保障文化主体的权利、明确义务和地位，促进文化发展的社会化。三是要通过立法，加强顶层设计，保障公共文化事业发展，建立深圳文化管理体制机制。

（二）加强文化立法是推进依法行政的必然要求

建设法治政府，全面推行依法行政，是党和国家建立社会主义法治社会的一项重要内容。为了落实依法行政的要求，深圳文化法治领域需要进行调整。当前，深圳文化管理面临重大挑战，文化领域还要多加努力。要进一步转变思想观念，坚持依法行政，政府对文化的管理要坚持以服务为主要内容。同时还要进一步建立文化行为、文化活动的规则。政府是文化活动规则的制定者和执行者，清晰、完备的规则是正常开展文化活动的基础。要进一步理顺管理体制，解决职责不清、政出多门的问题，形成良性且统一的文化管理秩序。

三、构建深圳文化市场的立法体系

深圳文化法律体系呈现复杂性、系统性和全局性等特征，需要多部门、多种类法律的共同参与，才能够确保文化市场的高效运营。首先，要正视文化资本在产业发展、市场配置方面的积极作用，并以此为起点，重新确立文化市场立法的指导思想，逐步推进各个分支立法工作的开展，逐步构建完善而系统的文化立法体系。其次，要构建统一的文化法律体系。文化法律法规作为调整深圳文化活动的重要规范，在深圳法律体系中扮演着关键性的角色，发挥着极为重要的作用。以文化法律法规为切入点，保护公民的文化权利，实现文化遗产的全面保护，促进文化产业的健康发展，对于文化传播将会产生积极作用。

（一）建立系统性的文化法律机制

将宪法中关于文化权益的内容进行具象化表现，借助文化立法的方式，将宪法精神贯穿于立法活动当中，对当前深圳文化市场不正当行为进行必要的规范，在整个深圳营造出良好的氛围。深圳在引导文化产业健康发展的同时，还应引导文化行为合法化、有序化；积极推动文化法治建设，保障公民的基本文化权利的同时，规范个体的文化行为。

（二）着眼于文化法律机制的建立

以深圳当前文化市场实际情况为导向，深入推动文化法治建设，保证文化立法的实用性和合理性。借助文化立法形式，全面规范各项文化行为，促进深圳文化市场的健康有序发展。从文化立法的现状来看，现行的文化法律法规大多以暂行条例等各项行政法规的形式存在，无法满足当前实际需求。因此，深圳应以现有的法律法规为基础，在相关条件成熟的情况下，推动文化立法迈向更高标准，保证立法工作的实际效果。

（三）以《中华人民共和国立法法》为切入点，持续构建地方文化立法机制

在立法环节着眼于“文化”一词的本质，统筹考虑文化的自主性、多元性、创造性等特性，从多层面的角度，扎实做好文化立法工作。法律权限的明确，能增强文化立法的有效性与合理性。《中华人民共和国立法法》修订后，将立法权进行了进一步的调整，市级政府拥有更多主动权，能够借助于立法途径管理各项文化事务。

在构建深圳文化市场的立法体系过程中，需要不断突出文化市场的作用，基于文化市场的发展变化，开展相应的文化立法工作，进一步激发文化市场活力，为文化产品的创新、文化市场的发展、文化消费行为的有序化营造良好的外部环境。

四、深圳文化产业立法的完善路径

深圳在文化立法过程中，一要立足实际，明确深圳文化市场发展诉求，二要广泛吸收过去的有益经验，借鉴在相关领域较为成熟的法治工作经验，积极推进深圳文化产业立法工作。

（一）做好文化市场重点领域的系统性立法工作

当前，深圳对于文化市场立法工作重视度仍有待提高，该领域立法工作较为滞缓，文化立法尚存部分空白。正因为如此，相关部门在立法环节应当积极转变思路，创新工作方法，有效扎实地推进相关的立法工作。在落实过程中，为了提升立法的严密性和系统性，可以在现有文化法治基础上，有针对性地开展相应工作，尽快推进新时代文化资本法律制度的形成。

（二）以国际化思维与国际视野推进深圳文化立法工作

随着我国对外开放的进展，深圳文化市场融入全球市场发展成为必然趋势，文化资本成为全球资本不可分割的一部分。当前，深圳文化资本市场管理受行政命令的影响较大，随着文化资本的活跃以及市场经济的发展，行政命令的服务能力和管控水平难以满足实际需求。在经济全球化浪潮之

下，世界范围内文化资本的竞争逐渐加剧。为了改善深圳文化资本市场的立法现状，立法者需要在立法环节将深圳立法与国际标准进行比较，结合我国和深圳的实际情况，有效提升法治在文化资本市场的规范能力和保障能力。

（三）提高文化资本市场的立法位阶

我们要更新立法观念，改变过去单一化的行政立法理念，更好地解决文化立法不平衡问题，即国家立法少、部门规章多，法律少、法规多，权利保障少、管理制度多等。要认真论证立法建议与议程，提高文化市场立法的科学性。文化立法内容要具体、明确而完整；法律语言要严谨、精练而准确；规定宽严有度且简繁得当，针对性和可操作性强。文化规章的制定，应强调协调统一、公开民主，克服本位主义，这是提高文化规章质量的重要保障。深圳各级文化行政管理部门，应加强文化市场的法治建设工作，重视选拔和培养法律专业人才，充分发挥他们的专业特长，提高文化市场的立法质量。

（四）明确文化立法所要维护和坚守的核心价值

文化是人类精神活动的产物，文化是人类创造的，是用来满足人类精神生活需要的艺术、知识、技能及其表达形式。文化的价值在于满足人的精神生活需要。通常来说，各种类型的知识，是满足认知需求、建构理性认知的必需品；各种类型的艺术，是满足情感和意志需求、建构非理性精神要素的必需品。人类创造了文化，文化产品经过空间的交流和时间的传承，逐步形成跨越空间与时间的公共存在，即人类文化共同体，构成个体发展与生存的文化大环境。文化对于人，具有不可推卸的道德责任，人的发展是文化的意义归属。文化立法的关键环节不仅在于规范文化关系中各种行为方式，规范资本运作方式，而且在于以法律的形式，坚守正确的文化价值导向，维护核心价值，从而使文化成为人的发展和完善的条件，而不是成为给人的精神生活带来灾难、毁坏人的精神世界的因素。

第四节　增强法治观念，保护文化产业的知识产权

一、深圳知识产权保护的重要意义

（一）知识产权保护是激发人们追求科技创新的动力

加强知识产权保护是促进文化产业创新的保障和基础，知识产权保护可以促进文化科学技术的发展。深圳文化产业发展日新月异，外商投资文化产业风起云涌。随着一批新的主打文化产业的企业如雨后春笋般涌现，人员流动频繁，市场竞争激烈，保护自己的知识产权已成为各个企业关注的重点。

（二）将知识产权进行保护是对产权人的尊重

知识产权理应受到消费者和法律的尊重，这是因为知识产权是权利人智慧与勤劳的结晶，保护知识产权就是使权利人辛辛苦苦创造的智力劳动成果得到认可。盗版是用别人的智力劳动成果为自己牟利，这是一种盗窃行为，是违反相关知识产权法律法规的。从消费者的角度来说，应该主动抵制这一行为。如果没有知识产权的法律保障，那么将导致盗版横行，这也是对消费者的欺骗，因此我们要尊重和保护知识产权。

（三）有利于促进人们从事科技研究和文艺创作

知识产权是权利人的智力成果。只有保护好权利人的知识产权，才能有更多的人乐于创新、勇于创新。

（四）有利于促进对外贸易和外商投资

当前国际对知识产权的保护越来越重视，无论是深圳的文化产业走出去，还是把外商投资引进来，对相关的知识产权都需要给予保护。

二、加大保护知识产权力度，创造良好投资环境

（一）保护知识产权，优化发展环境

中共中央政治局常委、国务院总理李克强于2018年5月21日就进一步扩

大对外开放到商务部、海关总署考察并主持召开座谈会。

李克强总理在海关总署监控指挥中心详细了解了鼓励利用外资情况，并对各项政策落实情况以及当前引资方面存在的问题和下一步打算做出规划。他表示，我们开放的大门会越开越大，要积极改善外商投资环境，把自贸试验区扩大开放的成熟经验向全国复制推广，让中国继续成为吸引外资、促进互利共赢的热土。他强调，过去40年，开放有力带动了改革，促进了发展。在新的历史时期，进一步扩大开放是我们必然的战略选择。优化发展环境、激发市场活力、深化各项改革、推动高质量发展，都必须通过更高水平的开放来带动。必须以习近平新时代中国特色社会主义思想为指导，深刻认识和把握我们开放面临的国际环境新变化，尊重经济规律，按照党中央、国务院部署，统筹谋划下一步扩大开放的战略、格局和举措，迎接挑战，抢抓机遇，以主动开放促进发展升级。

李克强总理还指出，要坚持引进来和走出去并重的原则，促进双向投资协调发展。尽快修订完成外商投资负面清单，进一步放宽市场准入，研究实施更有力、有效的吸引外资政策，加强知识产权保护，加快构建公平竞争、依法依规的环境，提高我国对外商投资的“磁吸力”，促进国内相关领域管理和技术水平提高。推动对外投资健康规范发展，更深程度、更大范围参与国际合作。

知识产权战略是深圳创新发展的主导战略之一，深圳市委市政府高度重视知识产权在优化营商环境中的重要作用，先后提出“实施最严格的知识产权保护”“构建与创新驱动发展要求相匹配、与国际通行规则相接轨的知识产权综合管理体制”等目标任务，营造最佳营商环境。在深圳市委市政府主要领导的亲自推动、亲自部署下，2017年9月，国家知识产权局和深圳市人民政府签署知识产权合作框架协议，明确提出要将深圳打造成为知识产权强国建设高地的目标。2018年，深圳出台实施优化营商环境改革“20条”，推动国家知识产权培训（广东）基地、中国（深圳）知识产权保护中心、中国（南方）知识产权运营中心等一批国家级平台相继落户深圳，深圳获批国家知识产权运营服务体系建设、国家知识产权强市建设试点城市。2019年，深圳又出台市场监管系统优化营商环境改革“41条”，制定“知识产权创造、保护和运用”一级指标营商环境改革工作实施方案。2020年，深圳再次出台实施“知识产权创造、保护和运用”指标协调推进工作方案，从知识产权保护社会满意度、非诉纠纷解决机构覆盖面、知识产权创造质量、知识产权运用效益和服务水平五个方面提出21项改革措施，同时还成立知识产权指标工作专班和专项小组，将知识产权领域营商环境改革不断推向纵深方向，推动深圳知识产权事业无论在质量上还是数量上均取得突破。

（二）保护知识产权与深圳投资环境

深圳将通过加快知识产权保护方面的法治建设、加大知识产权保护的执法力度和开展保护知识产权宣传活动来创造良好的投资环境。

首先，深圳要加快知识产权保护方面的法治建设，做好行政执法和司法衔接，加大知识产权的法律保护力度，建立跨部门的知识产权执法协作机制，联合督办重大侵犯知识产权案件。与知识产权权利人建立知识产权保护的沟通机制，定期沟通情况，了解外商投资企业和商标、专利、版权所有人对保护知识产权、打击假冒伪劣商品等方面的意见和建议，及时解决问题，努力改善投资环境，切实维护知识产权权利人的合法权益，促进深圳文化产业发展。

其次，深圳要加大知识产权保护的执法力度，加强保护知识产权工作的组织领导。要在坚持加强日常监管的同时，突出对重点产业、重点地区的监管，组织开展反假冒、反盗版专项治理行动，依法打击各种危害社会公众利益的侵权盗版行为，继续做好各类盗版教辅材料、侵权商品、盗版制品的查处工作，进一步净化深圳知识产权保护环境。

最后，深圳还要组织开展保护知识产权宣传活动。普及知识产权保护常识，举办知识产权讲座，召开研讨会和新闻发布会，开展知识竞赛和主题征文，提高人民群众知识产权保护意识。宣传深圳在保护知识产权方面所做的工作和取得的成果，公布侵犯知识产权行为的查处情况和典型案例，积极营造良好的保护知识产权的社会环境。

（三）深圳力争成为知识产权保护标杆城市

2020年11月11日至15日，第二十二届中国国际高新技术成果交易会（以下简称高交会）在深圳举行。中国（深圳）知识产权保护中心专家团队入驻高交会，开展维权指引、政策宣传等全方位知识产权服务，和执法人员一起现场执法、现场保护知识产权，共同致力于把深圳打造成保护知识产权标杆城市。对知识产权的保护无处不在，让深圳成为科技创新的热土。

数据显示，2019年，深圳市PCT（《专利合作条约》）申请量连续16年领跑全国。2020年前三季度，PCT国际专利申请1.4万件，稳居全国首位；商标申请量达43.6万件；深圳2.8万家企业提交21.9万件专利申请，专利授权量达16.4万件。

2020年10月发布的《深圳建设中国特色社会主义先行示范区综合改革试点实施方案（2020—2025年）》提出，要将深圳打造成保护知识产权的标杆城市。

《深圳经济特区科技创新条例》于2020年11月1日起施行。其中，知识产权作为重要内容单列一章，提出了包括知识产权资本化、知识产权价值评估体系建设、知识产权公共服务等10条内容，着重强调了资产化及证券化、推进知识产权价值评估体系建设等工作的重要性，有利于实现知识产权价值充分挖掘，促进企业提升创新效益、盘活创新资源，提高企业竞争力。

深圳在文化产业科技创新法治建设方面先行示范的主动作为，是深圳在日趋激烈的城市综合竞争中继续保持优势的必然要求。在推动知识产权保护制度建设方面，深圳一直走在全国的前列。

深圳实施最严格的知识产权保护，出台了全国首部以保护知识产权为主题的法规《深圳经济特区知识产权保护条例》。从2016年到2019年，深圳市市场监督管理局组织“有为”“护航”“雷霆”“剑网”“铁拳”等系列专项行动，查办的知识产权案件从711件增长到1834件，案件数量增长率达158%，严厉打击知识侵权行为，让知识产权权利人拥有满满的安全感。

深圳为了节省知识产权申请的办理业务时间及经济成本，在商标受理窗口运用网络技术实现商标受理业务的远程办理。深圳对商标受理窗口不断优化服务，根据不同业务类型制作电子化的业务材料文件包，办理业务效率得到大幅度提高；提供票据和证照的邮寄服务，节省办理时间，实现足不出户就可办业务；开通网上预审业务，预审通过后将申请材料邮寄到窗口就可以办理。

深圳通过法律保障助力知识产权发展，为文化产业创新赋能，建立知识产权“一站式”协同保护平台，使文化产业创新有更加透明稳定的环境和预期。

三、深圳探索知识产权法治保护新模式

（一）法治创新护航深圳改革迈向纵深

最高人民法院于2020年11月9日发布《最高人民法院关于支持和保障深圳建设中国特色社会主义先行示范区的意见》（以下简称《指导意见》），提出涵盖探索新型数字化知识产权财产权益法律保护新模式、率先试行自然人破产制度在内的6部分33条意见措施。

《指导意见》提出加大知识产权保护力度。包括健全知识产权侵权惩罚性赔偿制度；开展新型知识产权法律保护试点，探索互联网信息、人工智能、生命信息等新类型数字化知识产权财产权益法律保护新模式；推进区块链技术在知识产权审判中的广泛应用，完善技术事实查明认定体系；试行举证责任转移制度，完善证据披露、证据妨碍排除和优势证据规则等。

当前我国逐步向创新型国家迈进，涌现出更多掌握核心知识产权的创新型文化企业，深圳作为我国立法试验区，文化企业较为集中，强化知识产权保护力度也成为时代所必需。由于我国知识产权保护制度建立的时间比较短，规则和制度方面仍有待完善，将来仍然需要继续与世界在知识产权领域接轨。

（二）深圳实施最严知识产权保护制度

近年深圳实施最严格的知识产权保护制度，实施知识产权“严保护、大保护、快保护、同保护”，取得骄人成绩。在2019年度知识产权行政保护工作绩效考核结果中，深圳在全国参与考核的156个副省级城市和地级市中排名第一，引发广泛关注。

深圳市市场监督管理局作为全市知识产权主管部门，完善知识产权保护机制，出台知识产权保护规定，搭建了一批知识产权保护平台，创新了知识产权证券化产品，加大侵权打击力度，推动行政执法与司法的有序衔接，强化市局、辖区局、监管所三级执法体系，探索建设科技成果产权和知识产权交易中心。

深圳市市场监督管理局一方面不断提升知识产权管理、服务、保护、运用、创造的能力和水平；另一方面加大办案力度，持续强化知识产权行政执法。

（三）深圳积极打造知识产权强国建设高地

近年来，深圳深入实施知识产权强市战略和创新驱动发展战略，积极打造知识产权强国建设高地，推动知识产权管理、服务、运用、保护、创造等各项工作再上新台阶。2020年前三季度，深圳受理各类知识产权案件374宗，立案301宗，破案262宗，结案242宗。

深圳市持续高度重视知识产权的促进与保护。在实际工作中，深圳市注重加强文化产业法治建设，探索实施知识产权惩罚性赔偿制度。2020年6月，深圳市修正《深圳经济特区知识产权保护条例》，增设“司法保护”专章，这是我国地方性立法中第一次就知识产权惩罚性赔偿制度作出规定，明确了对重复侵权等情形从重确定惩罚性赔偿数额。深圳制定落实《关于强化知识产权保护的意见》工作方案，统筹推进知识产权的“严保护、大保护、快保护、同保护”各项工作，初步形成八大工程及五大策略，拟开展54个项目154条措施，加快知识产权保护体系建设。简化庭审程序，优化完善知识产权审判机制，深化知识产权案件繁简分流机制，发布系列快审示范判决，审理周期缩短，对外观设计类专利案件进行集中快速审理，呈现调撤率高、结案率高、当庭宣判率高的特点。探索复杂疑难新型案件技术查明机制，推动建立司法审判领域技术调查官制度，加大案件结案清理力度。

深圳市还加快处理存量案件，推动加大知识产权办案力度，发挥市知识产权联席会议作用，深圳市市场监督管理局部署开展“剑网”“铁拳”等专项行动，加大对网络、电商知识产权违法行为的打击力度，2020年已查处知识产权侵权案件548件，罚没款401.43万元，实现按时办结率100%。查办涉案金额达5000余万元的侵犯苹果公司注册商标“3·16制假售假走私案”、大千视界网络侵权案、侵犯华为商标专用权等多起大案要案。

另外，深圳市还建立了知识产权快速协同保护体系。深圳市中级人民法院与行政执法机关、公安机关、检察机关协调配合，统一知识产权犯罪案件事实认定、证据审查和法律适用标准，促进深圳刑事司法与行政执法紧密衔接。

参考文献

[1] 王为理.深圳蓝皮书：深圳文化发展报告（2019）[M].北京：社会科学文献出版社，2019.

[2] 陈少峰，张立波.文化产业商业模式[M].北京：北京大学出版社，2011.

[3] 熊澄宇.世界文化产业研究[M].北京：清华大学出版社，2012.

[4] 钟雅琴.深圳文化产业基地与平台管理[M].深圳：海天出版社，2017.

[5] 李宝虹.文化产业投资[M].北京：清华大学出版社，2013.

[6] 建投华文投资有限责任公司，中国人民大学创意产业技术研究院.中国文化消费投资发展报告（2020）[M].北京：社会科学文献出版社，2020.

[7] 司文.文化产业外国直接投资限制的法律问题研究[M].北京：法律出版社，2020.

[8] 谭云明，国立波.中国文化传媒投资发展报告（2019）[M].北京：中国经济出版社，2019.

[9] 陈清华.文化产业投资机制创新[M].南京：南京大学出版社，2009.

[10] 胡惠林，陈昕.中国文化产业评论（第27卷）[M].上海：上海人民出版社，2019.

[11] 范小春.文化创意产业新趋向：浙江省文化创意产业研究报告[M].上海：上海三联书店，2017.

[12] 中央文化企业国有资产监督管理领导小组办公室.文化产业发展典型60例[M].北京：经济科学出版社，2012.

[13] 刘立云. 中国“嵌入型”文化产业集群发展研究 [M]. 北京：社会科学文献出版社，2014.

[14] 刘宇濠. 深圳迈向高质量发展阶段的龙岗路径 [M]. 北京：新华出版社，2019.

[15] 陈彪. 质量发展的实践与创新——从“深圳速度”向“深圳质量”的跨越 [M]. 北京：中国质检出版社，中国标准出版社，2018.

[16] 综合开发研究院（中国·深圳）. 城市化质量与转型升级 [M]. 北京：中国经济出版社，2015.

[17] 晁秀棠，等. 宁波文化产业发展法制保障问题研究 [M]. 杭州：浙江大学出版社，2015.

[18] 郭雅君. 政府文化管理法治化 [M]. 北京：人民出版社，2013.

[19] 卫霞. 西部民族特色文化产业法律保障研究 [M]. 北京：中国社会科学出版社，2020.

[20] 周灵. 西藏文化产业发展与民间资本投资研究 [M]. 成都：四川大学出版社，2020.

[21] [英] 大卫·赫斯蒙德夫. 文化产业（第三版）[M]. 张菲娜，译. 北京：中国人民大学出版社，2016.

[22] 丹增. 文化产业发展论 [M]. 北京：人民出版社，2005.

[23] 曹如中，史健勇. 文化创意产业创造力培育机制研究 [M]. 上海：上海交通大学出版社，2017.

[24] 孟小军，罗章，张伟进，等. 重庆文化产业发展研究 [M]. 重庆：西南师范大学出版社，2017.

[25] 郭万超. 文化和旅游产业前沿（第六辑）[M]. 北京：社会科学文献出版社，2020.